LE MANS
PITTORESQUE

ITINÉRAIRE DU PROMENEUR

A TRAVERS LA VIEILLE VILLE

Avec Illustrations et un Plan-montrant les Enceintes successives

ainsi que

l'Emplacement de la plupart des Monuments qui ont été détruits depuis la Révolution

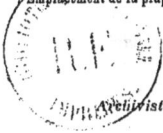

PAR

Léon HUBLIN

Archiviste de la Société philotechnique du Maine.

~~~~~

« Voir pour savoir. »

LE MANS

IMPRIMERIE & LIBRAIRIE E. LEBRAULT

4, Rue Auvray, 4

1884

LE MANS PITTORESQUE

ITINÉRAIRE DU PROMENEUR A TRAVERS LA VIEILLE VILLE

AVANT-PROPOS

La capitale du Maine, une des plus considérables et des
plus anciennes villes des Gaules, a été depuis bien des siècles, l'objet de recherches continues de la part des historiens qui ont retracé les évènements de son histoire et
dépeint les calamités des guerres qui l'ont désolée.

Avant d'entrer en matière, nous rappellerons ce que
M. Léon Chateau dit dans sa préface de *Histoire et caractères de l'architecture en France*. « L'histoire d'une nation
ne se compose pas seulement du récit de ses conquêtes ou
de ses revers, des faits et gestes de ses princes et de ses
grands hommes; elle a aussi ces muets témoins contempo-
rains de tous les siècles : ce sont les monuments que chaque
nation a élevés. Leur étude, qui n'est autre chose que la
science archéologique, n'est-elle pas une des plus dignes
d'attirer l'attention de l'homme du monde comme celle du
savant? N'est-elle pas une source de précieuses jouissances
et de fécondes pensées? »

Si en dehors de l'histoire proprement dite, l'on entre
dans le domaine de l'art monumental, on peut constater
avec les archéologues que parmi les documents publiés, il
n'existe pas d'*itinéraire spécial* pour le vieux Mans, bien que
depuis *Le Mans ancien et moderne*, de Richelet, plusieurs

guides intéressants aient été publiés. Dans chacun d'eux, la ville actuelle est plutôt envisagée dans son ensemble général. On y trouve bien quelques indications sur nos anciens monuments, mais elles sont souvent trop brèves et ne fournissent au voyageur que des renseignements insuffisants pour satisfaire complètement sa curiosité.

Nous avons souligné avec intention les mots *itinéraire spécial*, car aujourd'hui, grâce aux moyens rapides de transport, le goût des excursions s'étant infiniment développé, il est beaucoup plus agréable d'avoir à sa disposition un guide descriptif pratique que de compulser les écrits nombreux qui ont vu le jour en l'honneur de la province du Maine.

Sans avoir la prétention de combler cette lacune, nous allons essayer de grouper dans un certain ordre, sous le titre de *Le Mans pittoresque*, quelques notes se rattachant particulièrement aux vieux monuments renfermés dans la cité cénomane, qui, sous la domination romaine, réunissait tous les avantages des cités importantes : enceinte de murailles, bains, fontaines publiques et amphithéâtre.

En rappelant l'étymologie d'un nom de rue, en citant une date historique, ou, suivant le cas, en consacrant quelques lignes à un personnage illustre de la province, nous ferons revivre d'antiques souvenirs historiques dans la mémoire du visiteur et du lecteur. Nous avons contrôlé dans la mesure du possible, l'exactitude des renseignements que nous fournirons.

Nous avons dû, pour cet itinéraire, puiser des renseignements dans les ouvrages de certains érudits.

Il nous suffira de citer les noms de Le Paige, Renouard, Cauvin, Desportes, Pesche, Richelet, Voisin, Anjubault, d'Espaulard, David, Voisin, Edom, Lochet, Hauréau, E. Hucher, de l'Estang, Legeay, Chardon, Esnault, Robert Charles, etc... Leurs travaux nous ont été précieux, ils sont le fruit de savantes recherches et abondent en documents intéressants.

En dehors de notre magnifique cathédrale et des anciennes églises abbatiales de la Couture et du Pré, le nombre des monuments dignes de remarque, est assez restreint. Pour les curiosités monumentales, il ne faudrait pas borner son attention aux objets de tous les âges, recueillis dans nos musées; certaines vieilles maisons, sont riches en débris et en souvenirs. N'oublions pas non plus, les vestiges des anciens murs d'enceinte dont la couleur particulière avait inspiré à ANDRÉ DUCHÊNE ce distique souvent répété :

« Bourges, Autun, Le Mans avec Limouges
« Furent jadis, les quatre villes rouges.

Puisqu'ici il ne doit être question que de la vieille ville, avant de donner le tableau des rues à parcourir, il est au moins naturel de commencer par décrire l'aspect que présentait autrefois la capitale du Maine, qui, selon POLYDORE VIRGILE, aurait été la première ville battue par le canon.

On peut bien rappeler que la cité (*civitas*) dans le sens qui nous occupe désigne en général la partie la plus ancienne d'une grande ville, mais il n'entre pas dans notre cadre de faire revivre toutes les dissertations publiées sur l'origine de la ville du Mans. Comme tant d'autres cités anciennes, l'époque de sa fondation se perd dans la nuit des temps.

Plusieurs auteurs ont pensé qu'*Allonnes* (1) était l'ancienne capitale de la Cénomanie, PESCHE a été du nombre,

---

(1) Petite commune d'environ 860 habitants à 6 kilomètres du Mans.

« Les ruines d'une villa gallo-romaine très importante, ont été l'objet de fouilles faites pendant plusieurs années aux frais du département. » Abbé ROBERT CHARLES, *Guide du Touriste*, p. 87.

Voir au Musée archéologique, un curieux plan en relief, en bois, exécuté vers 1840 par un sculpteur du Mans, nommé BONHOMME (*n° 155 du Catalogue.*)

mais ainsi que l'a fait remarquer fort judicieusement
M. BONDU, dans ses *Lettres à M. le Rédacteur du Progrès*,
l'auteur du *Dict. stat. de la Sarthe*, s'est rangé à l'opinion de
M. BÉRARD (1), qui, en 1810, soutenait en bon manceau
l'honneur de la capitale de son pays.

M. BÉRARD s'appuie sur ce que les Gaulois « choisissaient
ordinairement un coteau dominant une rivière qui servait
à leur défense et à leurs besoins. » Le Mans offrait bien
cette situation précieuse à cette nation batailleuse qui sous
le plus léger prétexte mettait les armes à la main.
M. BÉRARD le premier, puis PESCHE, veulent donc que les
Gaulois et les Romains, leurs vainqueurs, aient toujours
été établis sur la colline de la cité, et croient qu'*Allonnes*
n'était alors que l'emplacement d'un vaste château, maison de plaisance, construite dans les moments paisibles,
pour servir de résidence à un chef romain.

La tribu des *Cénomans*, occupa le département de la
Sarthe depuis les temps historiques jusqu'à l'an 50 avant
J.-C. Les *Romains* s'emparèrent à cette époque de la Gaule
et, par conséquent, du pays des Cénomans; vers 486, les
Francs, sous la conduite de CLOVIS, les en chassèrent pour
s'y établir en leur place.

Les *Romains* appelaient Le Mans *Subdinum, Suindinum* et
Vindinum; sous JULIEN L'APOSTAT, la ville prit le nom de
Suindinum et plus tard, par abréviation, celui de Le Mans.

Pour être fixé sur l'étymologie de ce nom, on peut consulter les travaux du laborieux Abbé VOISIN (2) qui a si

---

(1) *Conjectures sur l'origine de la ville du Mans*, brochure in-4° de
8 pages, par M. BÉRARD RENÉ-CHARLES, ancien négociant, né à Pontlieue, le 11 septembre 1767, décédé le 23 janvier 1851.

(2) Né à Saint-Calais, le 12 juin 1813, mort au Mans, le 28 mars 1873.
Voir à la page 108 du t. XXII du *Bulletin de la Société d'agriculture,
sciences et arts de la Sarthe*, une intéressante notice biographique et
bibliographique, dans laquelle M. HENRI CHARDON rend un juste hommage
à la mémoire de ce savant.

brillamment élucidé l'histoire de la province, et à qui tous les monuments de la ville étaient particulièrement familiers.

Notre ville était jadis entourée de fossés et ceinte de murailles flanquées de tours d'espace en espace.

En jetant un coup d'œil sur le plan annexé, on pourra remarquer par exemple, que l'enceinte gallo-romaine qui remonte au iiie ou ive siècle, renfermait les rues actuelles suivantes : la Grande-Rue, celles des Chanoines, des Chapelains, de Vaux, de la Verrerie, du Petit-Saint-Pierre, Godard, de Saint-Flaceau, Saint-Honoré, Saint-Pavin-la-Cité, le passage de la cour d'Assé, la petite poterne et partie de la grande, les rues de l'Écrevisse, Bouquet, Hallai, les places Saint-Pierre et du Gué-de-Maulny, enfin les rues de la Pierre-de-Tucé, du Pilier-Rouge, du Rempart, du Doyenné, des Pans-de-Gorron et de la place du Château.

Cette première enceinte entourait la cité primitive, c'est-à-dire cette partie qui borde la rive gauche de la Sarthe en amphithéâtre.

L'antiquaire y rencontrera quelques maisons en encorbellement édifiées sur des rues non parallèles, étroites, sombres et en pente assez rapide, mais où cet ensemble irrégulier, prend toujours une forme pittoresque.

On verra également que les enceintes de la *Tannerie et de Saint-Benoît*, attribuées à tort, à PHILIPPE AUGUSTE ou à HÉLIE DE LA FLÈCHE, comme l'a prouvé M. HUCHER (1), comprenaient : *la première* (construite pendant la période de 1246 à 1280), les rues de la Tannerie, de l'Hopiteau, de la Porte-Sainte-Anne (partie), Saint-Hilaire et Gourdaine, celle-ci mesurant toute la longueur de la cité et

(1) Étude sur l'*Histoire et les Monuments du département de la Sarthe*, pages 16, 21.

étant bordée par la Sarthe. La seconde, bien postérieure à la clôture de la Tannerie, d'après M. Hucher (1), puisqu'elle daterait de la moitié du xive siècle, enserrait la rue Dorée, la rue et la ruelle de Saint-Benoit, la petite rue des Pelluettes, une partie de la rue Porte-Sainte-Anne, puis les rues des Trois-Sonnettes, des Poules et de la Vieille-Porte. Enfin l'enceinte de la Cathédrale et de l'Évêché serait de la même époque que celle de la rue Dorée (1350) bien que de 1217 à 1350 cette clôture existât, mais seulement formée de simples palissades, elle s'avançait en partie sur les enclos des Cordeliers et des Jacobins, c'est-à-dire sur la place actuelle des Jacobins.

Il faut aussi relater l'*Eperon*, sur la place de ce nom : c'était un rempart de maçonnerie angulaire, construit pour éloigner les assaillants, et destiné à protéger l'enceinte de la rue Dorée. Cet ouvrage dont il ne reste aucun vestige, aurait été élevé vers 1591.

Mais le premier accroissement de la ville, a été la construction hors les murs romains, du *quartier du Château* ou pour mieux dire de la *Tour d'Orbrindelle*, élevée au nord de la cathédrale, après la prise du Mans (1063) par Guillaume le Conquérant. Cette tour et ses dépendances étaient également circonscrites par une ligne de murailles.

D'autre part, Richelet (2) rapporte que, sous la domination romaine, la ville du Mans occupait un terrain de plus de 225 toises de longueur sur 100 toises de largeur ; dans le xiiie siècle, sa longueur était d'environ 400 toises et sa largeur de plus de 150. D'après Cauvin (3), en 1789,

---

(1) Étude sur l'*Histoire et les Monuments du département de la Sarthe*, page 23.

(2) *Le Mans ancien et moderne*, page 2.

(3) *Statistique de l'arrondissement du Mans*, page 253, 1 volume in-12.

la ville et ses faubourgs pouvaient avoir en étendue
1.100 toises sur 560 ; on y comptait seize paroisses (1), sept
dans la cité et neuf dans les faubourgs, 16.000 habitants et
2.600 maisons.

Actuellement, la superficie de la ville dépasse 5.000 hec-
tares ; on n'y compte pas moins de 450 rues, 55.000 habitants et 12.000 maisons.

Que de changements accomplis depuis moins d'un siècle !
Une personne éloignée de la ville depuis ce temps et voulant y faire ses promenades habituelles d'autrefois, demeu-
rerait certes surprise, car sans parler des nouvelles rues
percées, elle pourrait, sur le parcours que nous avons
tracé, constater la disparition de nombreux monuments.
Les anciennes églises paroissiales du Pré, Saint-Jean,
Saint-Nicolas, Saint-Pavin-la-Cité, Saint-Hilaire, Saint-
Pierre-le-Réitéré, Gourdaine, n'existent plus. Il en est de
même de la chapelle du Gué-de-Maulny, des abbayes de la
Couture et du Pré, des anciens couvents des Cordeliers,
des Jacobins, des Ursulines, de la communauté de Gourdaine, de l'Hôpital-Froulay, installé dans l'ancien couvent
des Filles-Dieu et de l'ancien hospice des Ardents ; enfin,
l'ancienne halle, ce disgracieux hangar rectangulaire en
bois a été détruit en 1826, avant la construction de la
rotonde en pierres qui vient de disparaître. La plus belle
place de la ville se trouve ainsi dégagée et destinée à recevoir la statue d'une des gloires de l'armée française, le
général CHANZY.

L'absence des moulins de Gourdaine, de Chétiveau et de

---

(1) Voici le nom des paroisses comprises autrefois *dans la cité :* le Crucifix, Saint-Pierre-de-la-Cour, Saint-Pavin-la-Cité, le Petit-Saint-Pierre
appelé aussi Saint-Pierre-le-Réitéré, Saint-Hilaire, Saint-Benoît et Gourdaine ; *dans les faubourgs :* Saint-Vincent, N.-D. du Pré, N.-D. de la
Couture, Saint-Nicolas, Saint-Ouen-des-Fossés, Saint-Germain, Saint-
Jean-de-la-Cheverie, La Madeleine et Saint-Gilles.

Saint-Jean, sur la Sarthe, est aussi à relater, car avec le
poète A. DE CHATILLON :

> « Vous direz plus tard, peut-être
> « Même en de plus beaux jardins :
> « Qu'ils étaient gais ces moulins
> « Qu'on voyait de ma fenêtre! »

Mais si tous ces établissements ont en partie disparu
depuis la Révolution, de nouveaux ont été créés et de nombreuses voies ont été ouvertes. Elles ne sont pas toujours
tirées au cordeau, c'est vrai, mais il faut reconnaître que
la plupart sont suffisamment larges et accessibles.

En 1842, le brillant éclairage au gaz a succédé avanta-
geusement aux pâles lueurs des lampes fumeuses placées
dans les premiers reverbères, et qui sait si dans quelques
années les principales voies de la ville ne seront pas éclai-
rées au moyen de l'électricité ?

Au nombre des améliorations introduites au point de
vue de la salubrité publique, il convient d'ajouter la construction de l'Abattoir (1) près de la rivière l'Huisne, ce
vaste corps de bâtiments commencé en 1846, a remplacé
très heureusement les tueries installées successivement
entre le monastère de la Couture (2), du vieux Cime-

---

(1) La première pierre de l'abattoir de la ville du Mans a été posée le
28 juin 1846, par M. TROTTÉ DE LA ROCHE, ancien président du tribunal
de commerce et maire de cette commune, et par M. GODEFROY, notaire,
et PLATON-VALLÉE, docteur-médecin, adjoints. — *Les Rues du Mans*,
par LEGEAY, page 68.

(2) Ancienne abbaye de bénédictins située rue de la Préfecture. SAINT-
BERTRAND la fonda dans l'année 595. Ruinée par les Normands sur la fin
du IXe siècle, elle fût rétablie cent ans après par HUGUES, comte du
Maine. Son église, mélange de plein cintre et d'ogive, date de diverses
époques. La dernière est de la seconde moitié du XIIIe siècle.

L'ancienne église paroissiale de la Couture ayant été démolie à la révolution, la chapelle des religieux de l'abbaye, que l'on voit aujourd'hui, a
servi depuis, d'église paroissiale, et les bâtiments de la maison recons-
truits en 1758, d'hôtel de la Préfecture.

tière (1), l'ancienne rue de l'Hopiteau, et dans une partie
de l'ancien enclos de la Visitation (2) ; l'établissement de bornes-fontaines et bouches d'arrosage qui, depuis 1854, ont
succédé aux fontaines et puits publics, devenus insuffisants
aux besoins d'une ville aussi importante que la nôtre. (Aujourd'hui, les eaux sont puisées dans la rivière de l'Huisne
et élevées au moyen de turbines installées dans les anciens

---

(1) Le vieux cimetière (autrefois le grand cimetière) était situé sur le
territoire de l'ancienne commune de Sainte-Croix, entre la grille du jardin
de la Préfecture (rue Chanzy) et la rue de la Mariette. Il remontait au
XIIIᵉ siècle et sa superficie était d'environ 8.690 mètres carrés. Les
anciennes paroisses de la Couture, du Crucifix, de Saint-Pierre-de-la-Cour,
Saint-Pierre-le-Réitéré, Saint-Pavin-la-Cité, Saint-Nicolas et Saint-Benoît,
apportaient le corps des défunts dans ce cimetière, qui fut supprimé le
3 novembre 1831.

(2) Cette communauté située sur la place des Halles et la rue du Vert-
Galant a été fondée en 1632 par Mᵐᵉ DE LA FERRIÈRE, sœur du COMTE DE
TESSÉ. Les bâtiments commencés en 1634 furent achevés en 1670.

L'église fort jolie est bâtie sur un plan cruciforme. C'est un architecte
originaire de La Flèche, qui en dirigea les travaux, MATHURIN RIBALLIER
(il fût enterré dans l'église Saint-Jean-de-la-Chèverie, le 25 septembre 1733).
Le plan et les sculptures sont attribuées à SOUFFLOT, l'architecte du
Panthéon. Avant 1864, le petit escalier latéral n'existait pas, et les abords
de ce monument étaient encombrés par une suite d'échoppes du plus
vilain effet; lors des réparations entreprises à cette époque, l'administration municipale a eu l'heureuse idée de les faire disparaître. Le cadran
que l'on voit aujourd'hui, était celui de la halle rotonde. Il a été placé en
mai 1884.

Les bâtiments du palais de justice actuel, étaient ceux du couvent des
religieuses de la Visitation, dont le jardin et l'enclos ont été vendus
en 1793. En 1814, on a construit un abattoir dans la partie occidentale
de l'enclos de la Visitation, en face l'Hôtel-Dieu, mais il n'a point été
affecté longtemps à cet usage, il a servi seulement à la tenue de deux
écoles d'enseignement mutuel. (PESCHE, *Dict. stat.*, t. III, page 606.)

N.-B. — Il y aurait sujet à s'étendre davantage sur les monuments
faisant l'objet des renvois 2 (p. 26 et 27), mais ces monuments étant situés
en dehors de l'itinéraire, c'est pour cette raison que nous n'entrons pas
ici dans de plus longs détails.

moulins du Gué-de-Maulny, près l'Abattoir. On compte plus de 45 kilomètres de conduites, environ 200 bornes-fontaines et un plus grand nombre de bouches d'arrosage). Enfin, depuis 1869, on s'est occupé de construire des égouts destinés à assainir différents points. Cette canalisation souterraine, qui reçoit les eaux de pluie et les eaux ménagères, permet aux collecteurs de la rive droite et de la rive gauche de s'écouler dans la Sarthe.

Malheureusement, les bienfaits de ces utiles travaux ne pouvaient se faire apprécier rapidement et partout à la fois. En se reportant à quelques années en arrière, avant que les quartiers de la Grande-Rue, de Gourdaine et de la Tannerie soient dégagés de certaines constructions informes, sans grâce et sans ordonnance, il n'était pas rare d'apercevoir dans ces obscures rues ou ruelles des tas d'ordures de toutes sortes, semées avec peu trop d'abondance.

Aujourd'hui, dans toutes les directions ou à peu près, on voit clair à se conduire ; on ne risque plus de buter dans certains détritus, ni de tomber dans quelques flaques d'eau croupissante. Ces lieux sont donc maintenant plus aérés, mais ils ont encore conservé des endroits pittoresques, bien que le quartier populeux de la Tannerie soit complétement disparu. Tous ceux qui résident au Mans depuis quelques années n'ont-ils pas souvenir que si ce quartier était un de ceux qui offrait le plus d'inconvénients, il n'était pas le moins original à étudier dans son ensemble. Par exemple, en passant devant la porte des tanneurs, mégissiers, fondeurs de suif ou de résine, on était souvent incommodé par les mauvaises odeurs qui s'exhalaient constamment ; puis, si dès le matin on avait à parcourir cette rue mal pavée, sans trottoirs, dans laquelle tant de corps d'état divers étaient représentés, il n'était pas rare de marcher sur des débris de mâchefer répandus par le maréchal; de mettre les pieds dans un monceau de chanvre étalé par le filassier, ou bien sur des rognures de cuir jetées par le cordonnier voisin, ou même sur des restes de *potines* et autres vases apportés mystérieusement par quelques pauvres femmes. En un mot, chacun exhibait son petit contingent d'immondices, sans se préoccuper des arrêtés concernant la voirie urbaine.

Quant au côté original de ce tableau, peu séduisant il est vrai, c'était encore dans ces parages où se trouvaient la plupart de ces vieilles maisons de bois, rebelles aux règles de l'aplomb comme à celles de l'alignement, ainsi que ces nombreuses boutiques ouvertes et protégées par des auvents du plus bizarre effet.

Si l'on franchissait un plus long espace, on trouverait assurément trace ici, comme dans certaines grandes villes, de ces singulières enseignes si répandues au moyen-âge, sur lesquelles figuraient des emblèmes, des devises ou des inscriptions plus ou moins engageantes. Les unes étaient composées d'un petit panneau en bois appliqué simplement à la maison de tel hôtelier ou industriel ; les autres, plus durables, étaient formées d'une plaque en métal et suspendues par une longue potence de fer, ce qui ne devait pas être sans effrayer les passants quand ils voyaient se balancer sur leur tête ces enseignes de tôle. Enfin, une enseigne spéciale aux cabaretiers ou débitants de vins consistait en une touffe de lierre, buis ou sapin, placée au devant de leur établissement.

Ce bouchon, dernier souvenir du lierre et des pampres consacrés à Bacchus, dit M. BLAVIGNAC (1), n'empêchait point d'ailleurs qu'une enseigne plus particulière ne fût appendue devant chaque taverne.

Tous les monuments mentionnés précédemment sont détruits ou mutilés ; mais, nous l'avons dit, de grandes rues ont été percées, d'anciennes rajeunies, de jolies

---

(1) *Histoire des enseignes d'hôtelleries, d'auberges et de cabarets.*

maisons construites et d'agréables promenades plantées. Il devait en être ainsi, cela se commandait en présence de l'accroissement considérable que la ville a pris
depuis moins d'un siècle, accroissement qui se dévelop-
pera plus rapidement encore dans l'avenir, eu égard aux
nombreuses industries existantes, à la position stratégique
que Le Mans occupe aujourd'hui, et aux voies de communication qui rayonnent de tous côtés et tendent à se mul-
tiplier.

Pour terminer ce préambule, ne reste-t-il pas à relater
la disparition de deux témoins muets des temps anciens ?
Je veux parler du pont Perrin et du pont Yssoir. Le premier, de l'époque gallo-romaine, a été démoli en 1881 pour
faciliter la navigation (1), et c'est pour le même motif que
l'on reconstruit dans de plus grandes proportions le vieux
pont Yssoir, suivant l'axe du Tunnel. Eh bien, sans
attendre que d'autres travaux d'édilité viennent de nouveau moderniser la ville, hâtons-nous donc d'écrire, et
vous, lecteurs, hâtez-vous de lire, demain peut-être nous
aurons cessé de dire la vérité.

(1) Sur la demande des habitants du voisinage, la passerelle métallique
que l'on voit, a été établie sur l'emplacement même du pont Perrin,
appelé aussi *pont Saint-Jean*.

VUE GÉNÉRALE DU MANS

QUAI DE LA RIVE GAUCHE — ANCIEN QUARTIER DE LA TANNERIE

NOMS
des
ANCIENNES TOURS

Enceinte de la Cité

III° ou IV° Siècle

1. De St-Pierre-l'Enterré.
2. De l'Ancien-Hôtel-Daguy
3. Des Moles.
4. Du Vivier.
5. De Saint-Hilaire.
6. Des Ardents.
7. Du Puel.
8. De l'Étang.
9. Du Tunnel.
10. De Maux.
11. De la Madeleine.
12. Des Pans-de-Gorron.
13. De Gourdaine.
14. De l'Angle-Septentrional
15. Du Cavalier.
16. Du Roi (voir 51).
17. Margot.
18. De la Poulette.
19. De l'Ancien-Évêché.
20. De la Cathédrale.
21. De Saint-Michel.
22. De l'Hôtel-Juteau.
23. Peyau ou des Anglais.
24. D'Angoulier.
25. De l'Escalier-de-l'Hôtel-de-Ville.
26. Du Gros-Pilier.
27. De St-Pierre-de-la-Cour.
28. De Saint-Pienau.
29. Godnee.
30. Jancmade.
31. Vienuse.
32. Du Bureau.
33. Du Bourhotou.

Enceinte de la Tannerie
1246 à 1280

34. Chasivenu ou Samson.
35. Presbytère-de-Gourdaine.
36. De la Porte du Pont-Vauve.
37. Toussaint.

Enceinte de St-Benoît
1390

39. Du Feu ou des Chaînes.
40. Des Roncs ou du Cordier.
41. Du Pont-l'Ane.
42. De la Vasacerie.
43. Ratitur.
44. Au Huau.
45. Corbin.

Enceinte de la Cathédrale
1250

46. Du Forgeur.
47. Des Cordeliers.

Quartier du Château
1063

48. Du Papegnay.
49. De la Porte du Château.
50. téau.
51. Tour d'Orbrindelle.

N.B.— Pour la description de ce plan et la délimitation des anciennes enceintes, voir l'aveu-persou de l'Historie de Promenade à travers la vieille ville.

LE MANS PITTORESQUE
par
Léon Hublin.

Les Monuments de la vieille ville
et ses enceintes.

NOTRE-DAME DU PRÉ

SAINT-JEAN
de la
CHEVERIE

SAINT-OUEN
des
FOSSÉS

LE CRUCIFIX

SAINT-NICOLAS

COUVENT
des
URSULINES

NOTRE-DAME de la
VISITATION

PLACE DES HALLES

HÔPITAL GÉNÉRAL

HÔTEL-DIEU

Échelle de ...

NOTES

Ce plan montre ce qu'était *le noyau de notre ville vers la fin du XVIII° siècle*. L'emplacement des tours de l'enceinte gallo-romaine qui a succédé à l'oppidum gaulois est figuré d'après les remarques de M. l'abbé Voisin, *Nouvelles explorations sur les remparts du Mans*, page 89 du tome XIV du *Bulletin de la Société d'agriculture, sciences et arts de la Sarthe*; les tours des autres enceintes d'après l'ouvrage de M. E. Hucher, *Études sur l'Histoire des monuments du département de la Sarthe*, page 15 et suivantes; enfin, la place occupée par les anciennes chapelles et églises paroissiales, ainsi que les anciennes communautés avec leur enclos a été relevée sur les vieux plans de la ville conservés aux archives et à la bibliothèque communale.

Peut-être objectera-t-on qu'en traçant les rues et places, nous avons tenu compte des rectifications signalées sur les plans modernes. A cela nous répondrons que si les alignements du siècle dernier n'ont pas été tout à fait respectés, c'est afin que l'étranger puisse mieux reconnaître le chemin qu'il aura à suivre. Nous aurions bien aussi indiqué les voies portées sur les plans récents, si nous n'avions craint de rendre le dessin trop confus; malgré cette absence, il sera très facile de trouver les endroits désirés en consultant l'index qui suit cet avant-propos.

Au Mans, le lit de la rivière *la Sarthe* (*Sarte*, comme ce mot s'écrivait jusqu'en 1790), qui prend sa source dans le département de l'Orne, au village de *Somme*, près l'abbaye

2

de la Trappe, n'a pas été sans offrir quelques sinuosités assez prononcées. Sur la rive gauche, ainsi qu'on le voit, ses eaux baignaient le pied des enceintes de la Tannerie et de Saint-Benoit. Cette rivière divise la ville en deux parties inégales.

L'*aqueduc romain* qui partait du lieu dit *les Fontenelles*, commune de Sargé, traversait plusieurs pièces de terre, pour arriver au Mans proche la fontaine Abel, il continuait sur l'emplacement de l'ancienne église de Gourdaine et aboutissait sous les murs de ville, non loin de la tour de la Madeleine, pour procurer l'eau aux vastes salles de bains publics établis dans le voisinage. Les paysans lui donnent le nom de *chemin des Fées.*

L'*aqueduc Saint-Aldric,* prenait naissance à l'endroit dit *les Fontaines* situé dans la *vallée d'Isaac,* tout près la ville. Après avoir traversé les bordages des Pompes et de la Rivière (parcours sur lequel il existe sept regards en maçonnerie encore parfaitement visibles), il passait à travers la *Vallée de Misère* (aujourd'hui rue Robert-Garnier) et venait aboutir dans la ville, non loin de la cathédrale. Cet aqueduc également d'*origine romaine*, avait été détruit en partie par les guerres du ve au ixe siècle. Mais SAINT ALDRIC (832 à 856) touché de la gêne qu'éprouvaient les habitants, par suite du manque d'eau dans la cité, utilisa les eaux qui refluaient à la surface du sol; ce prélat fit alors établir une conduite en plomb pour alimenter les fontaines de Saint-Michel et de la place Saint-Pierre, c'est ce qui fait qu'on lui a donné le nom d'*aqueduc Saint-Aldric.* A partir des Pompes on n'est plus à même d'observer les ouvertures ou regards destinés à faciliter la visite de l'aqueduc, mais si cela intéresse on peut très bien suivre leur trace en faisant attention aux bornes plantées dans les champs voisins.

Vers 1549 les échevins et en 1725 la municipalité, reprirent en sous-œuvre les travaux des romains et de notre

évêque, en continuant la conduite destinée à approvision-
ner les fontaines publiques de la Cigogne et de la place de
l'Eperon.

Si nous continuons ce chapitre sur l'hydrographie, il y a
lieu de parler du ruisseau désigné sous le nom du *Merdereau*, lequel défendait le côté sud de la cité, en entretenant
l'eau dans les fossés.

Ainsi que pour les deux aqueducs relatés ci-dessus, c'est
d'après le beau plan dressé en 1839 par le capitaine LOMBARD,
que nous avons tracé ce petit cours d'eau, peu éloigné de
l'*aqueduc Saint-Aldric*, en certains endroits.

Voici ce qu'en dit PESCHE, à la p. 251 du t. III de son
Dict. de la Sarthe.

« Le Mordereau avait sa source au coteau d'Isaac, au
N.-E. de la ville, traversait la vallée de misère, le
terrain alors marécageux où s'établirent les religieux des
Jacobins, faisait mouvoir un moulin qui existait à
l'entrée de la rue Saint-Dominique, poursuivait son cours
entre la colline de la cité et celle de la Couture, et avait
son embouchure dans la Sarthe, près l'endroit où a été
construit la culée orientale du pont Napoléon. Ce sont les
sources de ce ruisseau qui sont retenues aux pompes dites
d'Isaac, pour alimenter les eaux de plusieurs des fontaines
de la ville. »

Afin de mieux saisir la délimitation des anciennes
paroisses, *inscrites dans notre petit plan*, nous donnons ci-
après la liste des rues comprises dans chacune d'elles.

(Le Crucifix.)

Place Saint-Michel et partie de celle du Château, partie
de la Grande-Rue, rues des Chapelains, de la Pierre-de-
Tucé, des Chanoines, du Doyenné et escalier des Pans-de-
Gorron.

(Saint-Pierre-de-la-Cour.)

Places Saint-Pierre et du Gué-de-Maulny, partie de celle

des Jacobins, partie de la Grande-Rue; rues Saint-Flaceau, Saint-Honoré, de l'Écrevisse, du Hallai, du Pilier-Rouge, des Ponts-Neufs, des Bas-Fossés, des Faloticrs, Saint-Dominique, des Boucheries et Godard.

(Saint-Pavin-la-Cité.)

Rues Saint-Pavin-la-Cité, Bouquet, de Vaux; partie de la Grande-Rue et de la rue de la Verrerie; petite Poterne et Cour d'Assé.

(Petit-Saint-Pierre.)

Rues du Petit-Saint-Pierre, des Trois-Sonnettes et des Poules; partie de la Grande-Rue et des rues de la Verrerie et de la Truie-qui-File.

(Saint-Hilaire.)

Partie de la rue Saint-Hilaire, rues de Vaux et de la Tannerie; la grande Poterne.

(Saint-Benoît.)

Rues Saint-Benoît, Saint-Denis, Dorée, de la Vieille-Porte, Porte-Sainte-Anne, partie de la rue de la Truie-qui-File; ruelles Saint-Benoît, de l'Avocat, des Moulins et Peluettes.

(Notre-Dame-de-Gourdaine.)

Rues de Gourdaine, de l'Hopiteau, du Pont-Ysoir, de la Fontaine-Abel et chemin d'Enfer: partie des rues Saint-Hilaire et de la Tannerie.

(Saint-Vincent.)

Rue Saint-Vincent, ruelles du Tertre, de Moutbarbet et de la Motte; vallée de Misère.

(Notre-Dame-du-Pré.)

Place du Pré, rues du Pré, du Sépulcre, des Noyers, de la Douelle et de la Calandre.

(Notre-Dame-de-la-Couture.)

Places des Halles et de l'Eperon, rues de l'Hopital, du

Vert-Galant, du Cornet, du Porc-Épic, de Paris, de la Perle, partie de la rue de la Barillerie et ruelle Saint-Martin.

(Saint-Nicolas.)

Carrefour Saint-Nicolas, rues Bourgeoise, Marchande, de la Juiverie, de la Paille et du Crucifix.

(Saint-Ouen-des-Fossés.)

Rue Saint-Ouen et partie de la place du Château.

ESCALIER DES BOUCHERIES

(Saint-Germain.)

Limitée en grande partie par la rue du Chêne-Vert et le ruisseau du Grenouillet.

(Saint-Jean-de-la-Cheverie.)

Rues Saint-Jean, Saint-Victeur, Bretonnière, de Ha! Ha! du Pont-Perrin, partie de la rue du Chêne-Vert et du ruisseau du Grenouillet.

INDEX DES RUES A PARCOURIR

Les rues dont le nom est accompagné d'une astérique * ne figurent pas sur le plan.

RUES & PLACES	COMMENÇANT	FINISSANT
Place des Jacobins.	Prolongem. du Tunnel.	Promen. des Jacobins.
Place Saint-Michel.	Rue du Doyenné.	Parvis Saint-Julien.
Rue du Doyenné.	Rue du Rempart et Grande-Rue.	Place Saint-Michel.
* Rue du Rempart.	Rue de la Comédie.	Rue du Doyenné.
Pl. du Gué-de-Maulny.	Entre les rues du Hallay et de la Comédie	Rue du Pilier-Rouge.
Rue du Pilier-Rouge.	Pl. du Gué-de-Maulny.	Grande-Rue.
Grande-Rue.	Place Saint-Michel.	R. de la Truie-qui-File.
Place Saint-Michel.	Rue du Doyenné.	Parvis Saint-Julien.
Parvis Saint-Julien.	Place Saint-Michel.	Place du Château.
Rue des Chanoines.	R. de la Pierre-de-Tucé	Rue des Chanoines.
R. de la Pierre-de-Tucé	Grande-Rue.	Rue de Vaux.
Rue de Vaux.	R. de la Pierre-de-Tucé	Esc. de la Pte-Poterne.
Rue Bouquet.	Grande-Rue.	Rue de Vaux.
Grande-Rue.	Place Saint-Michel.	R. de la Truie-qui-File
Rue de l'Écrevisse.	Place Saint-Pierre.	Grande-Rue.
Place Saint-Pierre.	Rue du Hallay.	Rue Saint-Flaceau.
Rue Saint-Honoré.	Place Saint-Pierre.	Grande-Rue.
Cour d'Assé.	Grande-Rue.	Rue St-Pavin-la-Cité.
R. St-Pavin-de-la-Cité	Rue Bouquet.	Grande-Rue.
Escalier de la Petite-Poterne.	Rue St-Pavin-la-Cité.	Rue de Vaux.
Rue de la Verrerie.	Esc. de la Pte-Poterne.	Rue du Petit-St-Pierre
R. du Petit-St-Pierre.	Grande-Rue.	Rue de la Verrerie.
Grande-Rue.	Place Saint-Michel.	R. de la Truie-qui-File
Rue Godard.	Rue Saint-Flaceau.	Grande-Rue.
Rue Saint-Flaceau.	Place Saint-Pierre.	Rue Godard.
Rue des Ponts-Neufs.	Place Saint-Pierre.	Carrefour de la Sirène.
Rue de la Barillerie.	Carrefour de la Sirène.	Place de l'Éperon.
Rue des Falotiers.	Rue des Filles-Dieu.	Rue de la Barillerie.

RUES & PLACES	COMMENÇANT	FINISSANT
R. des Fossés St-Pierre	Rue des Falotiers.	Rue des Boucheries.
Rue des Boucheries.	Place de l'Éperon.	Esc. des Boucheries.
Place de l'Éperon.	Rue des Boucheries.	Rue Saint-Louis.
R. de la Vieille-Porte.	Place de l'Éperon.	R. des Trois-Sonnettes
Rue des Poules.	Rue des Boucheries.	Rue de la Vieille-Porte.
R. de la Truie-qui-File.	Rue Godard.	Rue des Poules.
R. des Trois-Sonnettes	R. de la Truie-qui-File.	Rue de la Vieille-Porte
Rue Dorée.	Rue Saint-Denis.	Rue de la Galère.
* Rue de la Galère.	Rue Porte-Ste-Anne.	Rue Gambetta.
* Pont-Napoléon.	Rue Gambetta.	Quai du Pré.
* Q. du Pré (R. droite)	Pont-Yssoir.	Pont-Perrin.
* Rue Ducré.	Quai du Pré.	Rue Montoise.
Place du Pré.	Rue du Sépulcre.	Rue Ducré.
Rue des Noyers.	Quai du Pré.	Place du Pré.
Pont-Yssoir.	Rue de Gourdaine.	Pont-Ysoir.
* Quai de la rive gauche	Place de l'Hopiteau.	Rue Saint-Louis.
Pont Perrin.	Rue de la Galère.	Quai de la rive gauche.
Rue Porte-Ste-Anne.	Place Saint-Hilaire.	Rue Dorée.
Rue Saint-Benoit.	Rue Saint-Denis.	Rue Porte-Ste-Anne.
Ruelle Saint-Benoit.	Ruelle de l'Avocat.	Rue Porte-Ste-Anne.
Rue Porte-Ste-Anne.	Place Saint-Hilaire.	Rue Dorée.
Esc. de la Gde-Poterne.	Rue de Vaux.	Rue Porte-Ste-Anne.
Place Saint-Hilaire.	Rue Saint-Hilaire.	Rue Porte-Ste-Anne-
Rue Saint-Hilaire.	Rue du Pont-Ysoir.	Place Saint-Hilaire.
Rue du Tunnel.	Place des Jacobins.	Rue de Gourdaine.
Rue de Gourdaine.	Rue du Tunnel.	Rue d'Enfer.
Place de l'Hopiteau.	Rue de Gourdaine.	Quai de la rive gauche.
R. des Pans-de-Gorron	Esc. des P.-de-Gorron	Rue des Chapelains.
E. des Pans-de-Gorron	Parvis Saint-Julien.	Rue de Gourdaine.
Parvis Saint-Julien.	Place Saint-Michel.	Place du Château.
Place du Château.	Parvis Saint-Julien.	Rue de l'Évêché.
* Rue du Château.	Place du Château.	Rue du Château.
* Rue de l'Évêché.	Place des Jacobins.	Place Saint-Vincent.
Place Saint-Vincent.	Rue de l'Évêché.	Rue de Ballon.
Rue Saint-Vincent.	Place Saint-Vincent.	Rue Germain-Pilon.
Rue Saint-Ouen.	Place des Jacobins.	Rue Saint-Vincent.
Place des Jacobins.	Prolongem. du Tunnel.	Promen. des Jacobins.

ANGLE DES RUES BOUQUET & DE VAUX

ITINÉRAIRE A SUIVRE

Le voyageur qui se rend dans une localité, ne songe-t-il pas tout d'abord à se diriger vers le centre de la ville. Au Mans ce point central, aussi bien pour le commerçant que pour le touriste, est la *place des Halles* (1). N'est-ce pas en effet sur cette place que les principales maisons de commerce sont établies, de plus n'est-elle pas entourée de jolis cafés et d'hôtels très confortables, ce qu'un bon *cicerone* doit toujours recommander.

Si donc, lecteur, vous arrivez par le chemin de fer, vous ne manquerez pas, à la sortie du débarcadère, de moyens pour vous faire conduire rapidement *place des Halles* ; vous convient-il mieux d'y aller pédestrement, suivez alors la large voie percée devant la gare (c'est l'*avenue Thiers*), après avoir franchi le carrefour qui fait suite, prenez la *rue des Minimes* et vous arriverez à la première étape qui s'impose.

Je parle déjà d'un moment de repos, supposant que vous éprouverez le besoin de prendre un peu de forces ou d'être dégagé de quelques bagages. Dans ce cas je l'ai dit tout à l'heure, vous pourrez être largement satisfait, les

---

(1) Ainsi appelée, parce que depuis plus de sept cents ans, des halles y ont été constamment établies. Elle est dénommée aujourd'hui *place de la République*, en vertu de la délibération prise par le Conseil municipal, le 27 juin 1884.

Le *Musée de la Préfecture* possède une grande toile du peintre Jean SORIEUL, reproduisant un épisode de la bataille du Mans (12 et 13 décembre 1793). Le premier plan est au débouché de la rue de Quatre-Roues, sur la place. Le fond représente cette place avec la vieille halle en bois détruite.

hôtels qui décorent la place sont aménagés très convenablement.

Supposez donc être descendu dans un de ces établissements, à l'*Hôtel du Dauphin*, par exemple, fort bel hôtel du reste, sur la façade duquel existe une enseigne sculptée, montrant ce merveilleux poisson que les anciens se sont plu à décrire. Avant 1789, cette hôtellerie bien connue n'était pas distinguée par un bas-relief analogue à celui qui se voit aujourd'hui et n'empruntait par conséquent rien à la mythologie. Elle était jadis désignée sous le titre du *Grand Dauphin*, dont il est aisé de deviner le sens qu'on lui prêtait à cette époque. Cet hôtel a un passage historique relaté plus bas, puis son voisinage avec le *Café de Paris*, nous remet incidemment dans la mémoire, l'ancien et modeste *Hôtel de la Biche*, que SCARRON immortalisa, en en faisant le théâtre des premières scènes de son *Roman comique*, le *Tripot de la Biche* comme il l'appelle. (L'hôtel de la Biche était à droite du café de Paris, par conséquent non loin des vieilles halles en bois). C'est dans ce dernier hôtel que le lendemain de la prise du Mans par l'armée vendéenne (11 décembre 1793), l'état-major tint conseil sous la présidence de l'évêque d'*Agra*.

SOUVENIRS HISTORIQUES. — D'après l'auteur du *Mans à tous ses âges*, un monastère, dit de la *Cour du Temple* ou du *Rancher*, aurait été bâti où est actuellement l'*Hôtel du Dauphin*, avant d'être construit dans la rue Saint-Dominique. Ce monastère, supprimé en 1312, dépendait de l'hôtel de la Frénerie qui touchait celui du Rancher.

La maison nommée spécialement *la Frénerie*, rue Saint-Dominique, n° 15 (occupée aujourd'hui par une banque), relevait du Comte, à foi et hommage ; en 1752 elle fût achetée par L. BAREAU DE LA TOUCHE, et de 1725 à 1742, elle fût occupée par le tribunal de commerce. Enfin la *Frénerie* était le quartier des blanchevriers, fréniers, éperonniers, lormiers, greffiers, etc.

Le poète CHAUVIN DU PONCEAU D'OIGNY naquit dans l'ancienne

maison de la cour du Rancher. On a donné son nom à une des tours de l'enceinte romaine.

Mais ce n'est pas sur cette place qu'il faut s'arrêter, pour commencer notre visite aux monuments, c'est sur celle des Jacobins : ouvrons donc le plan pour nous engager dans les rues de *la Perle*, *Saint-Jacques*, *Marchande* et *Saint-Dominique*, afin d'arriver promptement sur la

PLACE DES JACOBINS

(QUARTIER DE SAINT-JULIEN.)

C'est un des endroits de la ville qui a été le plus transformé, il est du reste facile de s'en rendre compte. Ainsi dans l'espace occupé autrefois par les *Jacobins* (1) et les *Cordeliers* (2), on a modifié l'alignement de la *rue de Tessé* en la prolongeant jusqu'au *Tunnel*. Les *rues du Cirque*, des *Gladiateurs* et *Bruyère* ont été tracées près les allées supérieures des promenades, puis dans le prolongement de la *rue de la Grimace*, on a ouvert la *rue du Mail* qui passe devant le théâtre. Enfin les *rues des Jacobins* et *du Crucifix* aboutissent en ligne droite à la *rue de Tessé*, la *rue Montauban* est percée quelque peu parallèlement à la *rue du Mail*, et la *rue de l'Etoile* vient en droite ligne de la *place Saint-Nicolas* au carrefour qui fait face à la *rue Champ-Garreau*.

La suppression des couvents rappelés ci-dessus, a non seulement contribué à démasquer les lignes architecturales de notre remarquable basilique, mais a permis de planter sur une vaste place, les magnifiques promenades que l'on voit, et d'établir récemment ce jardin si coquettement disposé à l'endroit dit la *Butte-aux-Canons*.

---

(1) Les Jacobins, ou frères prêcheurs, de l'ordre de Saint-Dominique, bâtirent leur monastère vers 1219.

(2) Les Cordeliers, ou frères mineurs, de l'ordre de Saint-François, s'établirent au Mans en 1231.

On ne peut nier que le nivellement opéré sur ce terrain, le désigne comme le lieu de délassement le plus agréable que peu de villes de provinces peuvent se flatter d'avoir. C'est qu'en effet, indépendamment des revues, fêtes et concerts donnés pendant la belle saison, chacun s'y donne rendez-vous. N'est-ce pas une charmante récréation que de venir respirer le doux parfum exhalé par ces superbes tilleuls, jouir de l'ombrage procuré par ces larges avenues, tout en écoutant les chants délicieux des petits oiseaux, reposés sur les branches enlacées comme un verdoyant berceau.

A vrai dire, ce dégagement a été heureux; puisqu'avant la révolution, ce terrain bas qui devait présenter un aspect assez triste, était plutôt un marécage, constamment entretenu par les eaux du *Merdereau* venant alors s'infiltrer dans le voisinage de ces communautés religieuses.

L'élégant théâtre que l'on voit, est construit dans l'ancien enclos des Jacobins. En terminant, nous aurons à dire deux mots de ce moderne monument d'architecture classique et rappellerons aussi les souvenirs qui se rattachent à cette place ouverte en 1793.

Tournons nos regards vers le tunnel, dont l'ouverture a été pratiquée dans le vieux mur d'enceinte qui supporte un des côtés de la rue du Rempart. Avant que cet important travail ne soit commencé, on distinguait facilement dans la partie proche le sol, des lits alternatifs de briques romaines et de pierres.

Devant revenir ici, nous n'y stationnerons pas d'avantage. Si l'on monte l'escalier dit *monumental* (1), on se trouvera de suite sur la petite place Saint-Michel, point de

_____

(1) Cet escalier a été établi d'après les plans de M. Lassus, architecte de la cathédrale. Les eaux de la fontaine placée au pied, ont jailli pour la première fois le 28 mai 1854, jour de l'inauguration du chemin de fer du Mans.

départ de notre promenade. Néanmoins, disons avant que les degrés qui séparent ces deux places, occupent une partie de l'emplacement de la maison d'un des premiers princes de l'église du Mans, SAINT BERTRAND, onzième évêque.

SOUVENIRS HISTORIQUES. — La maison de saint Bertrand dont la construction était assez simple, a été démolie lors du dégagement de la cathédrale, vers 1852. La façade orientale faisait partie de l'ancien mur d'enceinte et regardait par conséquent la place des Jacobins, la façade occidentale donnait sur la place Saint-Michel.

(Voir à ce sujet, une notice archéologique de M. DAVID, insérée dans les *Archives historiques de la Sarthe*, p. 82.

Cette maison était destinée à recevoir les évêques en voyage, à loger les religieux qui desservaient la chapelle Saint-Michel, et prenaient soin de la maison matriculaire.

PLACE SAINT-MICHEL

(QUARTIER DE SAINT-JULIEN)

Elle tient son nom d'une chapelle située jadis dans la tour du rempart (n° 21 de notre plan). Au milieu de cette petite place qui faisait partie de l'ancienne paroisse du Crucifix, on érigea en 1744, la fontaine dite de Saint-Julien, alimentée autrefois par les sources d'*Isaac* (1). En face la tour de la Cathédrale, s'arrêter devant le

N° 1. — Maison en pierres avec petite tour servant de cage d'escalier. Bien qu'elle n'offre rien de remarquable, quant à sa construction, nous en parlons ici comme ayant été habitée au milieu du XVIIe siècle, par le poète SCARRON, le créateur du burlesque, qui dans les rares instants de

---

(1) Nom des fermes ou bordages situés entre les rues des Fontaines et de Prémartine. (Voir page 31.)

repos que lui laissèrent ses douleurs composa son épitaphe :

> « Celui qui ci maintenant repose
> « Fit plus de pitié que d'envie,
> « Et souffrit mille fois la mort
> « Avant que de perdre la vie.
> « Passant, ne fais point ici de bruit
> « Prends garde qu'aucun ne l'éveille,
> « Car voici la première nuit
> « Que le pauvre Scarron sommeille. »

N° 2. — Possède aussi une tourelle en pierre, analogue comme destination et forme à celle signalée au n° 1. Elle est tellement en vue que nous ne saurions nous dispenser de la signaler. Pourtant malgré la petite ouverture surmontée d'une arcade trilobée que l'on aperçoit de la place, il n'y a rien à remarquer dans cette habitation.

Sous la République cette place s'est appelée *place de la Tempérance*.

Souvenirs historiques. — Le Musée de la préfecture renferme 27 toiles d'un peintre manceau, Coulon, représentant divers portraits et scènes tirés du roman comique (*n°s 72 à 98 du Catalogue*).

Depuis 1879, le même Musée possède un portrait de Scarron, ce tableau du temps, a été donné par Mme Jubinal, née de Saint-Albin.

Le Musée des monuments historiques, installé provisoirement dans les soubassements du théâtre, renferme un fragment d'aqueduc en poterie de l'époque gallo-romaine, qui provient de la place Saint-Michel, (N° 210 du Catalogue). Il y a également trois anciennes têtes grimaçantes, du xiie au xiiie siècle, autrefois incrustées dans les murs de la maison de M. le curé Bureau, située sur la même place (n° 294 du Catalogue). Un buste de Scarron, par M. Damiens, y est aussi exposé (n° 584 du Catalogue).

RUE DU DOYENNÉ

(QUARTIER DE SAINT-JULIEN)

Ainsi nommée parce que le doyen du chapitre de Saint-Julien l'habitait ainsi que plusieurs chanoines. La construction du tunnel a nécessité la démolition de plusieurs vastes maisons remarquables surtout à l'intérieur.

Dans cette rue, qui faisait également partie de l'ancienne paroisse du Crucifix, avec les trois suivantes, il n'y a à parler que du

N° 1. — Cette maison dont la terrasse donne sur le tunnel était précisément le logis du doyen du chapitre, à côté se trouvait la chapelle, dont il ne reste plus trace.

SOUVENIRS HISTORIQUES. — Aux n°s 3 et 5 récemment démolis pour la création d'une nouvelle voie vers la Grande-Rue (rue Neuve-du-Doyenné), existait l'hôtel du trésorier de la cité, connu encore sous le nom d'argentier du chapitre.

En 1793, la rue du Doyenné reçut le nom de *rue de la Réforme*.

En tournant à droite, on tombe dans la

RUE DU REMPART

(QUARTIER DE SAINT - JULIEN)

Comme la précédente, cette rue a un peu changé, par suite des travaux du tunnel. Le côté vers la place des Jacobins est remarquable comme étant composé de l'ancien mur d'enceinte de la cité romaine.

SOUVENIRS HISTORIQUES. — Sur l'emplacement de la rampe actuelle, écrit M. HUCHER (1), on voyait la tour des Créneaux du palais, désignée par M. l'abbé VOISIN, sous le nom de tour de

---

(1) Études sur l'*Histoire et les monuments du départ. de la Sarthe*, page 20.

l'escalier de l'hôtel de ville); on sait que la rue d'Angoulfer régnait le long de la muraille, là où fût établi la rue du Rempart, lorsqu'en 1752 on détruisit la tour des Créneaux et la tour du Pied-d'Oie, aussi tour de la rue d'Angoulfer, tour Mariette et plus tard, tour Mongendre.

Voir au Musée des monuments historiques, un grand chapiteau du xi⁰ siècle trouvé dans cette rue (n° 281 du Catalogue).

En montant à droite on se trouve sur la petite

PLACE DU GUÉ-DE-MAULNY

(QUARTIER DE LA MAIRIE)

Cette place, rapporte PESCHE (1), « a retenu son nom de la chapelle collégiale du Gué-de-Maulny, qui y existait et qui avait été transférée dans ce lieu, après la destruction du château du même nom situé sur le bord de l'Huisne (2). »

La chapelle construite en 1380, a été démolie en 1793, elle était située sur le milieu de la place, non loin de l'hôtel du Louvre devant lequel nous nous arrêterons.

N° 2. — La porte d'entrée qui donne sur la cour, est à bossages grossiers et les trois fenêtres sont surmontées de frontons triangulaires dont le tympan renferme divers écussons armoriés. La corniche présente une suite de consoles entre chacune desquelles est sculpté un petit caisson décoré d'une rosace. Le long de la frise, courent d'endroit en endroit, des feuilles de vigne enroulées avec leurs fruits. L'entrée des deux pavillons qui dépendent de cet

---

(1) *Dict. topog., hist. et stat. de la Sarthe*, t. III, page 290.

(2) Huisne, Huine, Huigne; *Haigne* en ancien langage. Cette rivière prend sa source dans la commune de Saint-Hilaire-de-Soisay (Orne), à l'extrémité de la forêt de Bellême. Pénètre sur le territoire du département de la Sarthe, qu'elle traverse à moitié, à Avézé, contourne la ville du Mans au sud, passe sous le pont de Pontlieue et va se jeter dans la Sarthe aux moulins de Bouches-l'Huisne.

hôtel, est située rue de l'Ecrevisse, n°ˢ 6 et 8, où on retrouve sur le couronnement de ces bâtiments, les mêmes motifs de sculpture.

SOUVENIRS HISTORIQUES. — L'hôtel faisait partie de l'ancien atelier monétaire des comtes du Maine donnant dans l'impasse Sainte-Catherine qui subsiste encore. Dans le principe cet hôtel était un fief dont dépendait cinq petites maisons occupées par les ouvriers monnayeurs. Après que les protestants eurent abandonné Le Mans (15), JEAN DE VIGNOLLE (1) acheta cette maison et en fit son hôtel particulier (2).

Avant 1770, l'usage d'inscrire le nom des rues et de numéroter les maisons n'était pas mis en pratique, au Mans, d'une façon bien régulière, de sorte que certaines maisons avaient leur signe particulier, tel était l'atelier monétaire, désigné sous le nom de maison à l'enseigne de Sainte-Catherine, située dans la petite impasse que l'on voit à gauche de la place.

Pour baptiser les noms de rues, dit M. LINUS LAVIER dans sa préface du Mans à vol d'oiseau (3), « on leur a d'abord donné le nom de l'église à laquelle elles aboutissaient; de l'abbaye, du prieuré, de la paroisse sur les terres desquels elles ont été tracées. Le plus souvent c'est une auberge bien achalandée dont l'enseigne est prise pour titre. Quelquefois c'est une boutique de drapier, de potier ou de mercier dont la réputation bien établie fera que son enseigne servira à désigner la voie où elle est installée. Souvent les rues prenaient leur nom de leur situation, des routes auxquelles elles donnaient accès. »

Ne quittons pas cette place sans rappeler qu'elle est au nombre des endroits dont le nom peut souvent causer un

(1) Lieutenant particulier de sénéchaussée du Maine en 1550.

(2) Archives hist. de la Sarthe, page 44.

Voir l'article consacré à cet hôtel dans le n° 28 de la Province du Maine, t. I, ainsi qu'un travail de M. ARTHUR BERTRAND : Réhabilitation de Vignolles, dans sa publication des Documents inédits pour servir à l'histoire du Maine (1ʳᵉ partie), page 1 et suiv.

(3) Etude sur l'Historique des Rues de la ville, dont une partie a été publiée dans le journal La Sarthe, du 13 avril au 30 mai 1878.

3

malentendu, car il y a au Mans, plusieurs voies qui portent le même nom ; ainsi il existe encore le lieu dit le Gué-de-Maulny (1) près l'asile des aliénés, et tant d'autres. Ne vaudrait-il pas mieux, et même n'y aurait-il pas utilité, de leur donner les noms de personnages qui ont illustré le Maine, par exemple ; il serait facile de trouver des hommes qui se sont distingués dans notre pays.

Donnons un coup d'œil sur les murs de l'hôtel de ville, intéressants débris de l'ancien palais des comtes du Maine, bâti par Hugues Iᵉʳ en 1109, avant de s'engager dans la

RUE DU PILIER-ROUGE

(QUARTIER DE LA GRANDE-RUE)

Ainsi nommée à cause d'une colonne torse peinte en rouge qui fait l'angle de la maison nº 41 donnant dans la Grande-Rue. C'est une voie dont un des côtés a été abattu pour la percée du tunnel. Au dessous de la plaque indicatrice du nom de cette rue, on lit encore : *Rue de la Comédie.*

Examinons en passant les maisons portant les nᵒˢ 1, 3 et 7. Elles sont en pans de bois, et les intervalles des poteaux sont hourdés en maçonnerie et enduits. Le pignon de la première en partie recouvert d'ardoises donne sur la place. A la dernière, les deux poteaux extrêmes et ceux de la fenêtre à meneau portent encore les traces des ornements que l'on y a sculptés.

En tournant à droite, on se trouve dans la partie de la Grande-Rue particulièrement transformée par suite de la percée du tunnel. Ces démolitions nous rappellent les *Stances de regrets*, du poëte Louis Bouilhet.

---

(1) Nous l'avons dit tout à l'heure, c'est dans ces parages que les comtes du Maine possédaient un château. Aujourd'hui il ne reste plus trace de cette demeure où naquit Jean le Bon, fils de Philippe IV de Valois ; elle fut détruite par les Anglais en 1369.

Ah! pauvres maisons éventrées
Par le marteau du niveleur,
Pauvres masures délabrées,
Pauvres nids qu'a pris l'oiseleur!

GRANDE - RUE

(QUARTIER DE SAINT-JULIEN)

C'est la voie principale de la cité gallo-romaine (*via magna civitatis*). Cette rue qui en 1789 fut nommée *rue de Sarthe* part du parvis Saint-Julien pour aboutir à la Porte-Ferrée ou de la Cigogne. Depuis de longues années, la plupart des marchands revendeurs y sont établis.

Dans plusieurs parties, on remarquera une disposition qui caractérisait les maisons des xive et xve siècles, c'est-à-dire que la saillie de quelques-unes, parfois assez prononcée, est toujours plus grande aux étages supérieurs.

Au point de vue archéologique, malgré tout ce qui a été démoli, dit M. LINUS LAVIER, « c'est maison par maison qu'il faudrait étudier cette voie et encore la description écrite serait-elle insuffisante. Il existe de ci de là de nombreux documents qui permettraient de faire une mononagraphie complète. » Cela est parfaitement juste, mais nous sortirions des limites de ce travail, en retraçant ici certains détails exposés dans les ouvrages que nous avons soin de citer, du reste.

Il faudra parcourir cette rue en plusieurs fois, mais examinons d'abord le

N° 41. — L'un des angles de cette maison, connue sous le nom de *Maison du pilier rouge*, donne dans l'étroite rue que nous venons de quitter, elle est soutenue par une colonne corinthienne engagée à demi dans la boutique actuelle.

« Le fût est cannelé torse, entre les feuilles du chapiteau sont des cartouches en forme d'écusson portant l'un un crucifix, l'autre une tête de mort, le troisième une écrevisse, le quatrième est masqué par le linteau de la porte d'entrée. » RICHELET, *Le Mans ancien et moderne*, p. 153.

A côté de la *Maison du pilier rouge*, au

N° 43. — Maison en pans de bois à deux étages. Jeter un coup d'œil sur la façade dont les principales pièces sont sculptées.

N° 45. — Maison construite en pierre au xive siècle. Le premier étage montre deux baies ornées de plusieurs rangs de moulures prismatiques, un cordon de nervures leur sert de couronnement; ces nervures sont terminées par des têtes et des personnages imaginaires formant cul de lampe. Au second, les fenêtres sont moins décorées, l'une est double, la deuxième simple avec une séparation.

Remonter ensuite devant le petit square établi sur la voûte du tunnel et là, contempler le panorama très étendu que le regard embrasse, entre les routes d'Alençon et de Laval.

Poursuivre et examiner les maisons portant les nos 19 et 21. — Elles ont toutes les deux pignon sur rue. Avant la récente démolition du rez-de-chaussée du n° 21, cette maison n'était pas une des moins intéressantes de la Grande-Rue, ainsi qu'on en peut juger par l'aspect que présente encore le premier étage.

Nos 18 et 20. — Maison à deux étages en ressaut. Les portes d'entrée sont séparées par un montant sur lequel on voit deux petits personnages habillés en longues robes et supportés par un bouquet de fleurs formant console. Au-dessus de leurs têtes est un écusson sur lequel on lit : *Aux deux Amis.* Sur le montant angulaire, à droite, existe un autre personnage nu.

Derrière, tourelle à plusieurs pans, recevant un escalier en pierre commun à ces deux maisons. Au-dessus de la porte en ogive ornée de crochets qui donne dans la cour du n° 20, petite niche sculptée, surmontée d'un dais assez ouvragé. La forme des fenêtres et les ornements permettent de faire remonter cette construction au xive siècle.

N° 13. — Quelques années avant 1860, on remarquait encore dans l'avant-cour de cette maison deux tours à pans coupés. Aujourd'hui il n'en reste plus qu'une, sans intérêt ; la seconde, d'un style très pur, après avoir été transportée pierre à pierre au n° 7 de la *rue Chanzy*, a été rééditiée avec beaucoup de soin, sous la direction de M. DELARUE, architecte. Elle mérite, certes, d'être visitée.

N° 11. — Nous ne saurions mieux faire que d'emprunter à RICHELET, page 151, la description de cette curieuse construction du xve siècle, connue depuis fort longtemps sous le nom de *Maison de la reine Bérengère* (1) ou de la *reine Blanche.* Le rez-de-chaussée est construit en pierre et les étages sont en bois.

« Maison à trois étages, ayant pignon sur rue. Les montants angulaires et ceux de la fenêtre du premier étage étaient soutenus par des marmousets et, au milieu, par un aigle éployée, tenant dans son bec un cartouche rudenté ; au haut du niveau de la fenêtre bombée, on voit dans des niches supportées par des chapiteaux et recouvertes de dais, quatre figures avec des cartouches déroulés. (*Ces quatre statues en bois ont été emportées près d'Argentan par M. Duval, maître de forges, et les deux volets provenant de cette maison ont été déposés au Musée des monuments historiques, par les soins de M. David, architecte.*) Au bas des deux pieds droits, sur la ligne de l'appui, sont deux petits lions couchés. Les

---

(1) BÉRENGÈRE de Navarre, fille de Sanche VI, roi de Navarre, veuve de RICHARD CŒUR DE LION, roi d'Angleterre. Cette reine fût enterrée dans l'ancienne abbaye de l'Epau en 1230 et son tombeau recouvert de sa statue, y resta déposé jusqu'en 1821, époque à laquelle, il fut transféré dans la cathédrale, où il est aujourd'hui. Consulter l'intéressante étude publiée par M. HENRI CHARDON : *Histoire de la reine Bérengère,* 1866, 94 pages in-8°.

deux étages supérieurs, en ressaut, ont été revêtus d'ardoises. La porte d'entrée, aujourd'hui murée, est en ogive à flèche, avec des nervures saillantes, terminée par une croix en feuilles. Le reste de la devanture a été détruit pour y pratiquer l'ouverture d'une boutique. Sur une espèce de pilastre peu prononcé qui a échappé à la destruction, on remarque encore des croisettes potencées, distribuées alternativement deux à une. »

De ce qui reste de cette maison et de la précédente, M. l'abbé Lochet (1) a reconnu l'emplacement de l'ancien palais de la Prévôté du Mans, c'est-à-dire le siège d'un tribunal royal inférieur, chargé de connaître des matières civiles entre les roturiers, sujets des comtes du Maine. Ce palais n'aurait pas été habité par Bérengère, car sa construction est postérieure à l'époque où vivait l'illustre reine ; mais, ajoute M. Lochet, le vieux palais de la reine Bérengère n'occupait-il pas la même place, et a-t-il subi postérieurement plus que des réparations considérables ou un agrandissement nécessaire ?

La hauteur primitive qu'avait le rez-de-chaussée a été abaissée au moyen d'un plancher qui forme entresol. A tous les étages, les solives sont apparentes, et leurs arêtes moulurées avec soin, ainsi que cela se voyait dans certaines maisons du Moyen-Age.

Aujourd'hui on pénètre dans la cour de cette habitation par le corridor de la maison n° 9. Dans cette cour et proche la tour servant de cage d'escalier, existe un passage ou cloître situé un peu en contre-bas du sol actuel. La voûte retient encore des arceaux avec nervures primastiques qui viennent se réunir à plusieurs petites rosaces. Ce passage conduisait à une chapelle.

En élevant les yeux vers le pignon de la partie posté-

---

(1) *Archives historiques de la Sarthe*, page 121.

rieure de la maison, on y reconnaitra les armes de France soutenues par un porc-épic. Ce bas-relief assez grand, est mieux visible dans le jardin de la maison Scarron, indiquée p. 45. Enfin, il ne faudrait pas négliger de signaler une cave dans laquelle d'énormes crochets et des barres de fer sont restés suspendus à la clef de voûte. Du reste, les voisins n'oublient point de répéter à tous les visiteurs (trop gratuitement sans doute) que ces objets servaient à pendre les condamnés par ordre de la REINE BLANCHE.

SOUVENIRS HISTORIQUES. — Avant 1854, il y avait dans les appartements, deux remarquables cheminées en pierre ayant chacune plus de deux mètres de largeur. Grâce aux soins de M. D'ESPAULART (1), elles ont été acquises par le *Musée de Cluny* et installées à la place qu'occupaient les anciennes cheminées de ce magnifique hôtel, où M. DU SOMMERARD a disposé les plus riches collections d'objets d'art de l'antiquité, du Moyen-Age et de la Renaissance.

C'est au premier étage, dans la salle dite des faïences et à côté, dans celle de François Ier, que sont ces belles cheminées; on a restitué à l'une d'elles, les peintures polychromes appliquées en principe. L'explication des sujets sculptés, est donnée dans le Catalogue de ce musée (n°s 188 et 189).

N° 9. — Maison dont les étages s'avancent en saillie. Le premier étage seul est curieux par les motifs de la Renaissance qui se voient sur les petits panneaux appliqués aux montants.

N° 7. — Maison en bois à deux étages. Comme la voisine, le premier est en bois et pierre. Elle n'a rien de par-

---

(1) Né le 26 juillet 1810, à Savigné-l'Évêque, mort au Mans le 24 juillet 1868. C'était, dit M. F. LEGEAY, un archéologue distingué, appréciateur habile du beau dans les arts, intelligent investigateur des vieux manuscrits et des vieilles chroniques. M. D'ESPAULART est auteur de plusieurs études sérieuses et d'un grand nombre de rapports qu'il a faits comme adjoint ou comme rapporteur des commissions.

ticulier, si ce n'est que les poteaux ont été garnis de
minces demi-colonnes en bois sculpté. Le deuxième est
revêtu d'ardoises.

N° 14. — Propriété possédée par la famille Trouillard,
et ayant servi quelquefois à la réunion des consuls.

« Le portail, détruit il y a quelques années, reposait sur
des substructions gallo-romaines. » (Archives historiques de
la Sarthe, page 44).

L'escalier de cette maison qui extérieurement, n'offre
rien de remarquable paraît être du xvi° siècle. De
chaque côté de la porte il y avait deux guerriers barbus ;
aujourd'hui, ces cariatides en pierre sont déposées au
Musée archéologique (n° 364 du Catalogue).

On pouvait voir jusqu'en 1874, au-dessus de la porte
d'entrée, l'inscription suivante, dit M. l'abbé Esnault qui
nous permet de reproduire ici une note très intéressante
sur notre ancienne juridiction consulaire :

JURIDICTION ROYALE DES CONSULS

« C'était là, en effet, qu'avant la Révolution jusqu'en
1780, la juridiction consulaire — qui correspond à notre
tribunal de commerce — tenait ses délibérations officielles.
Dès l'année 1646, le roi Louis XIV avait accordé aux com-
merçants le privilège de porter leurs contestations devant
des juges choisis dans leurs corporations. Ce ne fut guère,
cependant, qu'à la suite de l'édit royal du mois de mars
1710 que ce tribunal put fonctionner régulièrement. Nous
possédons, à partir de cette époque, la liste non inter-
rompue de nos juges-consuls (1). Nous y remarquons entre
autres les noms bien connus et dignement représentés de
nos jours, des Vétillart, des Véron, des Cureau, des
Lalande, des Desportes, etc.

(1) Th. Cauvin, Statistique de l'arrondissement du Mans, p. 368, 465.
— Pesche, Dictionnaire historique de la Sarthe, t. III, p. 432.

« Il est fort probable que, dès sa fondation, le tribunal consulaire fixa son siège en cette maison de la Grande-Rue. C'est du moins l'opinion de Pesche, qui, dans son dictionnaire, affirme ce fait sans la moindre hésitation. En 1776, cet immeuble, désigné sous le nᵒ de ville 310, appartenait à messire Louis-Claude Gauvain, seigneur du Rancher, gendre de M. Jean-Baptiste-Jacques Le Prince d'Ardenay. Cette maison n'était alors habitée que par le sieur Peschard, greffier des consuls, et par la veuve Lamarre.

« Le dernier témoignage de ce passé a maintenant disparu. De récentes réparations faites à la façade de cet édifice en ont enlevé l'inscription susdite, qui avait transmis à notre génération le souvenir de ce tribunal et de sa présence au centre de l'ancienne cité mancelle. »

Voir d'après Cauvin, les armoiries de cette ancienne juridiction : de gueules à la croix d'or chargée d'une croix de sable, cantonnée de quatre chandeliers d'argent, au chef d'azur, à trois fleurs de lys d'or ; cartouche de l'écu accompagné d'une balance d'argent, tenue par une foi ou deux mains jointes, avec la devise : COMMERCIA THEMIDE TUTA *(sceau)*.

Nᵒ 10. — Maison en bois à deux étages en ressaut et en mauvais état. Il reste seulement à remarquer sur le montant angulaire, à droite, un évêque avec sa crosse, donnant sa bénédiction.

Nous retombons une deuxième fois sur la

PLACE SAINT-MICHEL

(QUARTIER SAINT-JULIEN)

Il n'est peut-être pas sans intérêt de signaler qu'au lieu même de la maison nᵒ 7, devant laquelle il faudra passer avant d'arriver au *Parvis Saint-Julien*, existait un hôpital appelé *les Ardents*, fondé au commencement du xiᵉ siècle,

sous l'épiscopat d'Avesgaud, et sur l'emplacement d'une
chapelle bâtie dans le vᵉ siècle par saint Victeur.

L'entrée principale de l'hospice et de la chapelle, détruits
depuis longtemps déjà, donnait sur cette place ; la maison
s'étendait dans la rue des Chanoines, n° 34, où se trouvait
l'*Hôtel des Hospitaliers*.

Souvenirs historiques. — C'était dans cette chapelle, avant
1792, que l'on portait les morts de la paroisse du Crucifix, pour
y célébrer leurs funérailles.

La large pierre en vue sur la place marque l'emplacement qu'occupait la fontaine placée aujourd'hui près le
portail principal de la cathédrale.

L'archéologue devra s'avancer vers le curieux porche,
appelé vulgairement le *Cavalier*, il mérite un attentif
examen. Mais cédons la parole à M. l'abbé Launay (1)
pour expliquer le symbolisme des nombreux sujets qui
concourent à sa décoration. C'est une œuvre de la période
de transition, c'est-à-dire du xiiᵉ siècle.

« Tous nos portiques de grandes églises si riches en statues, dit cet auteur qui a étudié avec soin les deux portiques de la Cathédrale et de la Couture, expriment une
idée unique, mais générale et vaste qui se subdivise le
plus souvent en trois parties, dont la première se doit lire
aux parois latérales garnies de grandes statues, la seconde
au tympan, la troisième aux arcs de la voussure. Quelquefois la voussure doit passer avant le tympan.

« *Parois latérales.* — Cette première partie est représentée
par la famille de David et celle d'Abraham, les deux plus
illustres ancêtres du Messie promis.

« A gauche de l'observateur se trouvent d'abord deux
vieillards à barbe épaisse, qui sont Tharé et Abraham ;

(1) *Recherches archéologiques sur les œuvres des statuaires du
Moyen-Age dans la ville du Mans*, p. 11 et suiv.

viennent ensuite une femme, que l'on reconnaît pour telle à son corsage et à ses longues tresses de cheveux, puis un jeune homme imberbe : c'est Sara avec son fils Isaac. Ils sont couronnés l'un et l'autre, non pour marquer une royauté effective, mais pour désigner le choix que Dieu a fait de Sara pour aïeule du Messie, à l'exclusion d'Agar, et celui d'Isaac, de préférence à Ismaël. C'est ainsi que les artistes du Moyen-Age ont quelquefois couronné Juda, qui ne fut jamais roi, mais dont les descendants devaient porter la couronne au milieu du peuple.

« Si nous portons nos regards de l'autre côté de la porte, en partant de la statue qui en est la plus éloignée, nous remarquons une similitude parfaite de disposition des personnages dans la famille de David. C'est d'abord Jessé ou Jaï, son père, puis lui-même, et enfin Bethsabée, l'épouse préférée, et Salomon, le fils de prédilection. Celui-ci porte son nom écrit sur une bande qu'il tient de la main gauche. Tharé, Jessé et Abraham ont dans les mains, soit leur nom, que le temps a effacé, soit une sorte de livre généalogique. David appuie sur son bras un livre qui est à fermoir. Les têtes de ces statues sont seules d'assez bonne exécution, quoique ce soit la partie la plus difficile, mais pour le reste la forme devient si exiguë, si étique et si plate que rien ne ressemble moins aux proportions du corps humain. Mais nous sommes tenté de croire que c'était comme par insouciance que cette partie était si fort négligée des artistes, qui ne s'attachaient guère qu'à celle où se reflétent mieux les sentiments de l'âme ; car nous voyons qu'au tympan, ce que l'on appelle ronde-bosse est rendu avec tout le développement naturel, surtout dans la figure du taureau et du lion ; ce n'était donc pas impuissance, mais une sorte de dédain de la forme dans le corps humain, où la tête est tout, comme siège de l'intelligence.

« L'ornementation de cette partie du portique, les colonnes où s'appuient les statues, leurs chapiteaux, les rinceaux, les étoiles, les feuilles, tout cela est d'une exécution ravissante et bien supérieure à celle des statues. Ce délicieux travail dénote le xiiᵉ siècle, ce que confirme encore la forme ogivale de la voussure, avant l'année 1120.

« On pourrait demander, pour combattre notre interprétation des grandes statues, pourquoi l'on aperçoit à côté d'elles, celles de saint Pierre et de saint Paul?

« Nous répondrons que leur position séparée sur les jambages de la porte, que la forme si différente qu'on leur a donnée en se contentant de les sculpter en relief annoncent qu'elles sont là en dehors de l'idée générale et sans rapport à l'ensemble du plan. C'est une sorte de hors-d'œuvre, en un mot.

« *Voussure.* — La voussure est la seconde page de la composition que nous contemplons. Le premier arc de cette voussure est rempli par des anges qui regardent le fils de Dieu dans sa gloire et brûlent devant lui l'encens de l'adoration. On remarquera que la forme de leurs encensoirs est ronde.

« Les trois autres cercles de la voussure contiennent les événements de la naissance du Sauveur et du commencement de sa vie naturelle, et ensuite ceux par lesquels il annonça au monde sa vie publique. On y voit l'annonciation, la visitation, le songe de saint Joseph, la naissance de Jésus, l'annonce aux bergers, les cantiques des anges, l'adoration des pasteurs, le voyage des mages, leur arrivée à Jérusalem et à Bethléem, leur songe et leur retour par un autre chemin, plusieurs scènes du massacre des saints Innocents, la fuite en Egypte, la mort d'Hérode, la tentation de Jésus-Christ dans le désert, son baptême par saint Jean-Baptiste et les noces de Cana. Il règne un assez grand désordre dans l'arrangement et la disposition de ces différents sujets, mais à travers cette confusion on aperçoit une idée bien suivie : celle de désigner l'arrivée du Sauveur à la vie, soit naturelle, soit publique.

« *Tympan*. — Le tympan, troisième et dernière partie de l'œuvre, est, à notre avis, la mieux exécutée. La figure du Christ ne manque pas de noblesse et de paix céleste ; les plis de son vêtement sont délicatement sculptés, ainsi que le trône qui le porte. Les animaux sont hardiment posés ; chacun d'eux s'appuie sur un livre, pour que l'allégorie soit plus transparente.

« Quant aux statues des douze apôtres rangées sur le devant du linteau, elles sont là à leur place naturelle et peuvent très bien se rattacher à l'ensemble ; car les apôtres sont les patriarches de la loi nouvelle, qui ont vu ce que ceux de l'ancienne attendaient ; ils ont partagé sur la terre les travaux de leur maître, et ils jouissent à présent des splendeurs de sa gloire. En un mot, ils tiennent à toutes les parties de la composition, dont ils occupent le centre.

« Au milieu de la porte, on a supprimé dans le siècle dernier un trumeau contre lequel s'appuyait une statue de la Vierge, tenant en ses bras celui qui était l'espérance d'Israël.

« Le sujet que nous venons de considérer à la Cathédrale du Mans se trouve aussi à plusieurs autres portiques de la même époque ou à peu près, à Chartres, à Bourges, à Angers, etc., avec quelques modifications dans le nombre et la disposition des grandes statues et aussi dans la voussure et le tympan, comme peuvent s'en convaincre ceux qui ont ces monuments sous les yeux. Le nombre des grandes statues dépend de celui des arcs de la voussure sous laquelle elles sont placées. »

Plus tard, en passant sur la place du Château, nous pénétrerons dans la basilique. Pour le moment, examinons sur le

PARVIS SAINT-JULIEN

(QUARTIER DE SAINT-JULIEN)

N° 2. — Maison en pierres, avec petite tour à pans.

Sur le montant droit de la porte est une figure de soldat sculptée en bois.

N°s 3 et 4. — Grande maison, également en pierres, de la fin du xviie siècle. Les deux lucarnes sont à remarquer.

<small>Souvenirs historiques.</small> — De cet endroit jusqu'à la tour de la cathédrale, de petites maisons en bois et maçonnerie étaient adossées le long de la nef. Il y a une cinquantaine d'années, ces disgracieuses constructions qui choquaient si désagréablement la vue, ont disparu.

Continuons la promenade en détournant à gauche, pour s'engager dans l'une des plus anciennes rues de la cité, la *rue de la Vieille-Rome,* ainsi dénommée par l'auteur du *Mans à tous ses âges.* Aujourd'hui c'est la

RUE DES CHANOINES

(QUARTIER DE SAINT-JULIEN)

Tire son nom de l'habitation que l'on nommait Cloître des Chanoines, à l'époque où ceux-ci vivaient en commun. Elle prit d'abord le nom de *Vicus de veteri Roma* au xiiie siècle, puis de *rue du Cloître,* enfin de *rue des Chanoines,* et, en 1793, celui de *rue Lepelletier* (Lepelletier de Saint-Fargeau), assassiné à cette époque par un ancien garde du corps de Louis XVI.

Si, en certains endroits, la saillie des étages était un peu plus prononcée, il serait très facile de donner la main aux personnes qui habitent les maisons de face, dans cette étroite rue.

N° 27. — Maison en pierres construite vers 1520 par Jacques de Courthardy, archidiacre de l'église du Mans. Elle est aussi connue sous le nom de *Maison des Morets.* Les pieds droits des fenêtres sont garnis d'arabesques d'un fort bon goût, ainsi que la tourelle qui s'avance en encorbellement à l'angle de la rue des Pans-de-Gorron. Dans la cuisine, haute cheminée en pierre ayant plus de deux mètres de large, et dont le manteau est orné d'entrelacs délicatement fouillés. A notre avis, toutes ces délicieuses sculptures caractérisent plutôt le style Henri II que celui de François Iᵉʳ, sous le règne duquel la maison aurait été édifiée.

Voici la description qu'en a faite M. l'abbé Voisin (1) :

« Hôtel de Saint-Pierre et de Saint-Paul, et qui paraît avoir été celui de la Pénitencerie, juridiction très importante, surtout avant que le concile de Trente l'eût centralisée à Rome.

« La face méridionale du principal corps de logis présente un mur en petit appareil, mêlé de briques ; de la cour intérieure, un escalier conduisait à la porte de la grande salle basse ou cellier. Cette porte antique a des voussoirs en calcaire entremêlés de grandes briques dans le style gallo-romain ; le cellier est divisé par de hautes arcades ogivales, avec chapiteaux sculptés, colonnes monolithes, barres, etc. La façade du nord est percée de hautes fenêtres en forme de meurtrières : l'appareil moyen, à l'intérieur, est à joints saillants, et cette construction, soignée comme une église, indique le style en usage vers le milieu du xⁱⁱᵉ siècle. La principale porte ouvrait sur les Pans-de-Gorron ; elle était haute, bien taillée, avec un feston de dents de scie à la bordure de l'archivolte. L'histoire nous apprend qu'aucune officialité ne manquait autrefois d'avoir sa prison, et ce cellier nous en donnerait l'idée tout d'abord ; les petites caves plus basses auraient servi de cachots et la grande salle du rez-de-chaussée aurait été la salle d'audience. Quelques-uns, voyant écrit le mot « peines de Gorron », s'imagineraient même que la rue prit ce nom des peines que les coupables auraient eues à

_____

(1) *Le Mans à tous ses âges*, p. 237.

subir dans la prison supposée dont nous parlons. L'aug-
mentum ou pavillon n'indique, au contraire, qu'une riche
construction du xvi⁰ siècle. Au rez-de-chaussée, grande
salle avec large cheminée couverte de sculptures : au
milieu, l'écusson a pour meuble un croissant ; le symbole
de Henri II, sans doute. On remarque avec quelque raison
que l'ouverture des portes, alors, était plus basse qu'elle
ne l'est de nos jours. On remarque surtout une assez jolie
tourelle, avec encorbellement à l'un des angles. La tradition locale prétendrait qu'elle servit de chaire ; alors elle
ne pouvait être mieux située, quand le pénitencier s'adres-
sait au peuple réuni vers la place du cloître, à la procession
des Rameaux, par exemple ; ou bien aux pénitents qui se
présentaient à la porte de la Cathédrale, au commencement du carême. Le protestantisme a fait cesser depuis cet
usage, très ordinaire au Moyen-Age, des prédications à
l'extérieur. »

N° 34. — *Hôtel des Hospitaliers*, avons-nous dit tout à
l'heure (au passage Grande-Rue). Il était habité autrefois
par le maître et les frères de l'hospice des Ardents, réuni
à l'Hôpital en 1658. Cette grande habitation, restaurée
tout récemment, date du xvi⁰ siècle.

N° 32. — Ancienne maison canoniale qui dépendait des
Ardents et qui fut donnée à cet hospice par le chapitre de
la Cathédrale. Ainsi que la précédente, cette demeure ne
présente rien d'intéressant pour s'y arrêter.

N° 26. — Construction en pierres avec tour rebâtie
dans le xvi⁰ siècle. Elle appartenait aux chanoines et atte-
nait d'un côté aux grandes salles des Ardents ; elle communiquait aussi par plusieurs portes avec la maison du n° 24,
à droite. M. l'abbé Voisin, *Le Mans à tous ses âges*, p. 194,
désigne cette maison comme étant les anciens greniers du
chapitre.

Dans les caves, on y pratiqua des fouilles afin d'ex-
traire du salpêtre et de rechercher les douze apôtres

d'argent que l'on supposait enfouis avec les trésors du chapitre.

N° 24. — Montre les ruines de l'église fondée, dit-on, au ixe siècle, par saint Aldric. Sur les arcades géminées, on distingue encore des roses et des étoiles, bien que ces sculptures soient fort mutilées par le temps. Une grande partie a été convertie en un atelier de menuiserie, dans lequel est resté un fragment de chapiteau de l'époque.

N° 22. — En faisant attention à la fenêtre du premier étage entièrement remaniée, on distingue au milieu du linteau qui couronne les pieds droits une petite amorce en pierre, faisant voir que cette fenêtre double était primitivement divisée par un meneau.

N° 11. — Dans son *Guide du voyageur au Mans*, p. 81, M. LEGEAY signale cette maison comme une des plus intéressantes constructions de notre vieux Mans : « C'est le reste de l'ancien prieuré de Saint-Martin, autorisé par le roi Théodebert, l'an 571. Il y a 600 ans environ, l'église perdant sa destination première, avait été convertie en maison particulière. Au dernier siècle, elle appartenait au chapitre de la Cathédrale ; c'est aujourd'hui la propriété d'un brasseur. »

De son côté, M. l'abbé VOISIN, *Le Mans à tous ses âges*, p. 202, dit que le monastère existait assurément au milieu du ixe siècle et que l'édifice qui parait avoir remplacé la chapelle remonterait, en quelque sorte, à cette dernière époque. Les murs très élevés, épais de 1 mètre, ont environ 12 mètres de long sur 8 de large ; l'édifice en retour d'angle et plus moderne, sans doute, n'a pas des proportions moindres, et les murs sont épais de 1m,63.

SOUVENIRS HISTORIQUES. — En déblayant la cave de cette maison, on a trouvé un grand nombre de poteries micacées offrant des vases de 40 à 50 cent. de diamètre (du viiie au xiie siècle). Ces débris sont déposés au Musée des monuments historiques (n° 270 du Catalogue).

N° 7. — Petite maison avec avant-cour, désignée sous le nom de *Maison du Volier*. Elle avait été construite par les soins de l'évêque HILDEBERT, avant l'année 1120. Une école de filles y a été installée ; elle a disparu lors des travaux du tunnel.

SOUVENIRS HISTORIQUES. — La *Maison du Volier* dont la plus grande partie n'existe plus, « offrait une série de fenêtres à plein cintre, remarquables par ses archivoltes offrant le caractère très net et très précis des constructions du temps de Henri II, roi d'Angleterre et comte du Maine (1150 à 1180). Dans la partie haute il y avait une salle éclairée par une longue fenêtre à meneau et à tympan tréflé qui pouvait remonter au xive siècle. » (*Compte rendu des Travaux de la commission d'archéologie*, 1872, par M. E. HUCHER.)

Au nombre des maisons démolies avant 1870, il existait aux n°ˢ 3 et 5 de cette rue, la maison dite de *la Mâcle*, où était un curieux blason représentant une mâcle de grande dimension c'est-à-dire une figure à losange évidée au centre. Cette maison avait été construite par le chanoine *Guézen de Tréana*, vers l'année 1472. Le tympan de la porte, renfermant le blason des Tréana, est aujourd'hui déposé au Musée des monuments historiques.

Nous voici de nouveau devant le square observé tout à l'heure en passant dans la Grande-Rue. Sans s'y arrêter, descendons l'escalier qui se présente à notre droite, c'est la

RUE DE LA PIERRE-DE-TUCÉ

(QUARTIER DE LA GRANDE-RUE)

Rien de remarquable à signaler dans cette rue-escalier, dont le nom de *Tucé* lui vient de plusieurs maisons environnantes relevant du marquisat de Tucé-Lavardin, et celui de *Pierre* de Tucé d'un peulvan qui s'y trouvait anciennement. (PESCHE, *Dict. stat.*, tome III, p. 303.)

Au-dessus de la petite porte à gauche du premier palier

est un écusson, peut-être celui des BEAUMANOIR DE LAVARDIN ; il est fort difficile à traduire aujourd'hui, car les armes de cette famille ont été modifiées plusieurs fois, et les figures héraldiques sont en grande partie effacées par le temps. Cette petite porte ayant accès dans la maison habitée au xviii⁰ siècle par la famille ROUXELIN D'ARCY (Grande-Rue, n° 54), n'est-elle pas ornée plutôt par les armoiries de cette famille, dont un membre a été capitaine d'artillerie au régiment de La Fère ? Nous n'oserions cependant l'affirmer.

L'escalier aboutit aux rues des Chapelains et de Vaux, derrière les maisons limitées par la muraille de la cité, on a une vue magnifique sur la Sarthe.

Détournons à gauche pour entrer dans la

RUE DE VAUX

(QUARTIER DE LA GRANDE-RUE)

Voici l'origine exacte du nom de cette petite voie, que M. LEGEAY a donnée, du reste, dans les *Rues du Mans*, p. 116 : « Une châtellenie située dans le Belinois portait le nom de Vaux ; les seigneurs de cette châtellenie, parmi lesquels on cite Guillaume Chamaillard, sire d'Anthenaise (1315), qui donna en 1358 à André d'Averton, son gendre, pour lui et ses héritiers, la haute justice de Belin. Cette terre passa dans la famille de Jacques Demaridort, qui prit le titre de châtelain de Vaux.

« Les seigneurs de la châtellenie de Vaux possédaient deux hôtels au Mans, où était leur résidence ; l'un de ces hôtels était situé dans l'ancienne cité romaine et a donné à la voie le nom de *rue de Vaux* ; elle a aussi porté celui de *Vaudegrat* du xiii⁰ au xvi⁰ siècle ; sous la Révolution, on l'appelait *rue Simonneau.* »

Indépendamment de l'élégant *Hôtel de Vaux*, qui, depuis un siècle et demi, forme deux habitations séparées, il faut citer dans cette rue deux tours servant de logement.

La première est au :

N° 4. — C'est la *tour de Tucé* (n° 7 du plan), dont on verra la base en parcourant la rue Saint-Hilaire.

N° 10. — Dans cette maison on trouve l'entrée de la seconde tour, désignée sous le nom de *tour des Ardents* (n° 6 du plan). Elle n'a qu'un étage et l'escalier d'habitation est dans l'intérieur. On pourra encore l'apercevoir au n° 10 de la rue Saint-Hilaire.

Nous voici devant les n°ˢ **12-14.** — La dernière vignette montre une vue de cette double maison qui présente les caractères d'une construction de la fin du Moyen-Age. Les ouvertures ont été modernisées il est vrai, par la suppression des châssis et dès meneaux et traverses qui existaient en principe ; mais lors des réparations successives, les propriétaires ont eu l'heureuse idée de conserver les petites consoles sculptées régnant le long de la frise, et surtout les frontons qui couronnent les fenêtres, de forme à peu près rectangulaire, ainsi que les crochets placés sur les rampants du toit.

N°ˢ **12-14.** — D'après les titres que le propriétaire actuel (portion n° 12) a bien voulu nous communiquer, cette jolie résidence était encore désignée en 1781 sous le nom d'*Hôtel de Vaux*. Nous avons pu voir, daté du 15ᵉ jour de germinal an II de la République, un acte de vente de dame Louise-Renée DEMARIDOR, née veuve Marin ROTTIER DE MARDRELLE, et du citoyen Joseph-Auguste-Emmanuel ROTTIER, son fils, au profit de Pierre-Victoire DE SARCÉ et de dame Madeleine-Perrine DE LA HARPE DE MONGASON, son épouse.

Elle était habitée en l'an II par les époux DE FRIBOURG, et, il y a environ soixante ans, par une dame HARDOUIN-DUPARC. (Au n° 14) existe une tour, à l'intersection de l'angle droit que forme ce vaste corps de bâtiment. La tour renferme un large escalier en pierre fort bien conservé. Dans cette portion de maison, terrasse élevée sur les murs de l'enceinte et d'où l'on découvre très facilement le quartier du Pré et ses environs.

Au-dessous de l'une des fenêtres se trouvent gravées les années 1543-1750, sans doute pour marquer les dates auxquelles cet hôtel a été reconstruit et restauré. Vers 1830, le général DE CLERMONT-TONNERRE est venu s'y retirer.

En face (rue Bouquet n° 11), est une maison dont la page 40 présente également une vue. A l'angle, une niche en pierre, très délicatement sculptée dans le style ogival, renferme une statue de sainte Madeleine, protégée par une petite grille en fer forgé.

Monter la

RUE BOUQUET

(QUARTIER DE LA GRANDE-RUE)

Petite rue dont les vieilles constructions surplombent. Avec une telle dénomination, ne paraitrait-il pas tout d'abord naturel que ce quartier fut autrefois choisi par les fleuristes ? Erreur. La rue tirerait son nom de celui d'un boulanger qui y demeurait et qui s'était fait remarquer par ses façons grotesques et l'importance qu'il se donnait. Cette voie et la précédente faisaient partie de l'ancienne paroisse de Saint-Pavin-la-Cité.

L'auteur des *Rues du Mans*, p. 87, dit : « Comme cette rue est très ancienne, son nom nous semblerait plutôt lui venir d'une famille dont un membre, GUY BOUQUET, légua en 1215 à la maladrerie de Saint-Lazare cinq sous tournois de rente sur sa maison. GUY ayant vendu cette maison, assigne la rente sur une place contiguë appartenant à Gervais, son frère. En 1530, un sieur Bouquet était propriétaire d'un hôtel situé dans cette rue ».

Peut-être ce dernier occupait-il la maison suivante.

N° 11. — A la clef de l'une des fenêtres existe un écusson surmonté d'une couronne. En face c'est le

N° **10**. — Maison en bois et maçonnerie avec étage en ressaut et chanfreins sur les principales pièces de bois. Elle dépendait de l'*École supérieure*, dont l'entrée était au n° 54 de la Grande-Rue.

Nous passons maintenant devant une maison de chétive apparence, mais dont la situation aérienne contribue à donner à l'étroite rue au-dessus de laquelle elle se trouve un cachet assez pittoresque. Il en sera question tout à l'heure.

Poursuivons afin d'arriver dans la

GRANDE-RUE

(QUARTIER DE SAINT-JULIEN)

C'est la deuxième fois que nous y conduisons le promeneur, il faudra encore y revenir; pour le moment l'attention est immédiatement attirée par la façade de la maison dite d'*Adam et d'Ève*, portant le

N° **69**. — Construction en pierre. Au rez-de-chaussée, le dessus de la porte est orné d'un bas-relief (enseigne d'un apothicaire), où Adam élève sur un bâton la pomme que lui présente sa compagne. Chaque personnage tient l'extrémité d'une longue banderolle.

« Ce petit tableau, dit l'auteur du *Mans ancien et moderne*, est entouré d'une couronne de fleurs et de fruits, les coins sont garnis de larges rudentures plates, d'un espèce de mascaron couvert d'un croissant et de deux dauphins adossés; les montants de la porte couronnés par des vases et surmontés de petits amours forment l'encadrement. (L'un de ces petits dieux de la fable, celui de gauche, a été enlevé depuis quelques années déjà.) Les pieds droits du premier étage, sont en forme de pilastres coniques et terminés en cul-de-lampe. Ils sont ornés de guirlandes, composés de petites figures de satyres, d'oiseaux, de feuillages et de fruits, le tout travaillé avec goût, la frise de l'entablement de ces pilastres porte des figures nues occu-

pées à jouer de divers instruments. Le linteau au-dessus
des croisées, est chargé à gauche de deux aigles aux ailes
éployées que sépare un vase de fleurs ; au milieu se trouve
une femme assise avec une tête de mort : à droite quatre
têtes de chevaux terminées en queue de poisson si l'on en
juge par celui qui est devant et sur lequel, une femme nue
est assise , un homme également nu tenant un objet sphé-
rique paraît le lui présenter en tournant la tête derrière
lui. Le second étage, comme le premier, devait avoir trois
fenêtres, on a enlevé un des pilastres pour en faire une
plus large des deux et l'on a muré la troisième ; les pieds
droits sont ornés de la même manière qu'au premier étage,
le soubassement de la fenêtre à droite, qui, seul a été conservé puisque les deux autres ont fait place à une fenêtre
de plus grande dimension, représente une espèce de cen-
taure sur le dos duquel un homme est monté à rebours ;
ces figures ont souffert quelques dégradations. En général
les bas-reliefs de cette façade sont d'un bon goût et rappellent avec avantage l'époque de la renaissance des arts. »

SOUVENIRS HISTORIQUES. — Cette maison a été construite de
1520 à 1525, par Jehan de l'Espine, docteur en médecine, du
Mans. En 1556, elle fut vendue à Denys Goufon, plus tard elle
passa en les mains de Pierre Gougeon, conseiller du roi au siège
présidial de la sénéchaussée du Mans ; en 1603, à François Du-
chesne, docteur en médecine, demeurant à Saint-Pavin ; en 1664,
à Antoine Lemoine, huissier ; en 1734, à François Lemarchand,
boulanger, puis à Thomas Davoine, menuisier.

Un peu à gauche, c'est la

RUE DE L'ÉCREVISSE
(QUARTIER DE SAINT-PIERRE)

PESCHE, *Dict. stat.*, t. III, p. 281, dit que cette très petite,
étroite et fort laide rue, a reçu les nom de *Pilier vert* et des
Trois pucelles, des ornements de la maison

Nº 10. — Remarquable par une lourde colonne corinthienne, appelée le *pilier vert* parce qu'elle fût constamment peinte de cette couleur. On y voit la date de 1581, sur un cartouche formant la tête d'une fleur de lys, dont les branches latérales sont formées par l'enroulement des queues de deux griffons. Le nom de *Trois pucelles*, lui vient d'une auberge, portant ce nom, qui y était située; celui de l'*Écrevisse*, de ce que ce crustacé a toujours été peint sur le pilier décrit ci-dessus, surmonté de l'inscription *rue de l'Écrevisse*, gravée en creux. (L'écrevisse n'existe plus et la colonne est actuellement brun-rouge et non de couleur verte.)

Il faut continuer la rue pour se trouver sur la

PLACE SAINT-PIERRE

(QUARTIER DE LA MAIRIE)

Le monument qui s'offre aux regards, est l'Hôtel de Ville, dont on a pu examiner les pans de murs bâtis en petites pierres carrées, ainsi que les ouvertures à plein cintre qui donnent sur la *place du Gué-de-Maulny*.

Nous l'avons dit page 50, l'Hôtel de ville est bâti sur l'emplacement de l'ancien palais des comtes du Maine. « Le roi Louis XI, rapporte M. EDOM (*Géographie de la Sarthe*, p. 81), voulant reconnaître les bons services rendus par les Manceaux à son père et à lui, leur accorda, vers 1480, l'institution d'un hôtel de ville. Il fût établi dans l'ancien palais des comtes du Maine, où était décédée la reine BÉRENGÈRE, après l'avoir habité pendant près de vingt-cinq ans. De ce palais, bâti par HUGUES Iᵉʳ, restent encore quelques débris qui indiquent une construction du xᵉ siècle. Les proportions en étaient grandioses à en juger par une salle au rez-de-chaussée, qui avait été construite en 1109, pour le mariage de Foulques V, comte d'Anjou, avec Erimburge, fille d'Hélie de La Flèche, comte du Maine. Cette salle tombait en ruines, lorsqu'on éleva au lieu même l'*Hotel de ville actuel* en 1755. Il laisse beaucoup à désirer sous tous les rapports, aussi la commune a-t-elle le projet de le remplacer par un édifice qui devra répondre à l'importance présente du Mans et à ses espérances d'avenir. »

En se reportant à notre plan, on verra que cette place était autrefois flanquée de murailles et que le ruisseau du Merdereau alimentait les fossés qui les entouraient.

Souvenirs historiques. — C'est sur la place Saint-Pierre que Bérengère présida à un duel, la veille de la Saint-Barthélemy (1216), en qualité de souveraine du Maine. « Raoul Fleury jeta le gage de bataille pour Huet de Corbiant, et Joscet le Feure entreprit la défense de Hodeburge de Corbiant, que son frère accusait d'avoir forfait à l'honneur, et qu'il voulait en conséquence priver de sa part de l'héritage paternel. » Le défenseur de Hodeburge succomba. Raoul l'Enterré, sacristain du chapitre de Saint-Pierre-de-la-Cour, obtint le bouclier et la lance du vaincu.

En 1701, on avait construit une fontaine de forme hexagone, entourée d'un bassin de même forme, et surmontée d'une statue de Louis XIV qui fut renversée pendant la Révolution. On substitua alors à la statue une corbeille de fleurs. Il y a quelques années déjà, cette fontaine a été enlevée pour être remplacée par celle existante aujourd'hui, à côté de la grille de l'ancienne *École mutuelle* affectée depuis peu, à une *École primaire supérieure et professionnelle.*

Puisque nous venons de parler de l'*École mutuelle* (1), rappelons que cet établissement était installé dans l'une des anciennes églises paroissiales, *Saint-Pierre-de-la-Cour,* église qui par sa disposition en formait plutôt deux. La partie devant nos yeux (l'église proprement dite), a été tellement remaniée, qu'elle ne présente absolument rien pouvant rappeler sa destination primitive. Aujourd'hui

_____

(1) Cet établissement a été transféré au n° 54 de la Grande-Rue.

plusieurs salles y sont convenablement disposées pour l'enseignement des jeunes filles qui se préparent au brevet de capacité et au brevet supérieur. Au-dessus, sont les classes réservées aux jeunes gens admis à l'*École professionnelle*, ainsi qu'à ceux qui suivent les cours de l'*École municipale de musique*.

La nef de cette église supprimée depuis la révolution, s'avançait jusqu'à la borne-fontaine et avait 86 pieds de longueur sur 23 de largeur. Cette église collégiale terminée par un chevet droit, était à l'origine la chapelle domestique des comtes du Maine. C'était, dit M. l'abbé Robert CHARLES (1), une sorte de *Sainte-Chapelle* dans le genre de celles de Paris et de Chartres.

D'abord simple chapelle fondée par HUGUES, premier comte du Maine, en 969, elle fût détruite au xiᵉ siècle, rebâtie en 1090 par HÉLIE DE LA FLÈCHE, puis renversée de nouveau; HENRI II, roi d'Angleterre, la réédifia en 1175, et la reine BÉRENGÈRE y fit de nombreuses augmentations vers 1208. D'importantes modifications y ont été apportées au xivᵉ siècle.

Nous engageons à lire l'intéressante description de cette église, telle qu'elle existait en 1741 (*Archives historiques de la Sarthe*, p. 39), et à se reporter également à l'*Essai sur les Sépultures du Mans et de ses environs*, par M. ÉTOC-DEMAZY, p. 61.

SOUVENIRS HISTORIQUES. — De 1482 à 1520, les chanoines renouvellent complétement leur vieux mobilier, orgues, stalles, autels, ciborium, clôtures du chœur, reliquaires, et font successivement appel à toutes les corporations d'artisans.

En 1510, PHILIPPE DE LUXEMBOURG donna à cette collégiale la châsse richement ornée qui renfermait les reliques de sainte

_____

(1) *Les Artistes de l'Eglise Saint-Pierre-de-la-Cour*. Brochure in-8° de 45 pages.

Scholastique; en 1562, ces reliques échappèrent au pillage des Calvinistes, mais toutes les autres richesses d'art, ne furent point épargnées.

En 1737, le chapitre fit démolir le jubé de cette église et déplacer le chœur, qu'il fit fermer d'une belle grille pour y construire un autel à la romaine avec quelques autres établissements.

En 1746, cette église servit de caserne à des Suisses envoyés au Mans comme prisonniers de guerre. Après avoir servi d'arsenal pendant la Révolution, on l'appropria à l'établissement de l'école communale d'enseignement mutuel. L'ancienne église Saint-Pierre-la-Cour servit d'ambulance aux Français, puis aux Allemands en 1870-1871.

En 1876 on a découvert sous des piliers de ce monument, six tombeaux remontant au xive siècle.

Ajoutons à cette place que les bibliothèques remarquables qui existaient avant la Révolution dans la paroisse de Saint-Pierre-la-Cour, étaient : celles des religieux Jacobins, fondue dans la bibliothèque départementale actuelle, de M. SAMSON DE LORCHÈRE, de M. DE LA DROUERIE, doyen du chapitre de Saint-Pierre, et de M. PICHON, chantre de la même collégiale.

La partie qui s'étend sous le chœur ou crypte, dont l'entrée se trouve rue des Fossés-Saint-Pierre, est au contraire intéressante à visiter ; nous y passerons tout à l'heure.

Retournons donc afin d'aller gagner la

RUE SAINT-HONORÉ

(QUARTIER DE SAINT-PIERRE)

Nom qui lui vient de ce qu'on voyait anciennement une sculpture dudit saint dans une des maisons; c'était paraît-il l'enseigne du four à ban du vicomte HUBERT DE BEAUMONT. Elle a porté le nom de *Marat* pendant la Révolution.

En principe cette rue n'était que la continuation de la venelle dite *Cour d'Assé* (dans laquelle nous passerons tout à l'heure). Avant donc qu'elle ne présentât la largeur ac-

tuelle, il n'existait qu'un très étroit passage tracé pour
arriver à *Saint-Pierre-de-la-Cour*. L'alignement de cette
voie a été particulièrement modifié du côté de la rue
Saint-Flaceau, et à l'époque de la Renaissance, le sénéchal
CLAUDE PERRAULT y fit construire son hôtel au

N° 3. — Maison à deux étages, qui a subi bien des modifications. Depuis plusieurs années, le rez-de-chaussée est
converti en boutique et sa façade en bois présente 3 minces colonnes engagées et sculptées. Au-dessus de celle de
gauche, médaillon orné d'une figure de femme, surmontée
d'une tête d'ange ; la partie supérieure de la petite colonne
centrale montre un ange tenant un écusson garni de cinq
fleurs de lys ; enfin, à droite, un médaillon plus grand que
celui opposé, représente une figure d'homme. Ces deux
figures ne seraient-elles pas celles du sénéchal et de son
épouse ?

A l'extrémité de la rue, s'engager dans le passage dit
Cour d'Assé, en face duquel se dresse une colonne en
pierre dont la base est entourée de gros cailloux. Le chapiteau est ionique et le fût encore orné de cinq clefs en
relief.

COUR D'ASSÉ

(QUARTIER DE LA GRANDE-RUE)

Ce passage traverse la cour de la maison appelée *Cour
d'Assé*, parce qu'elle appartenait aux seigneurs d'Assé-le-
Riboul et qu'elle était le lieu où se tenait leur juridiction
seigneuriale.

Les maisons donnant sur cette cour ont dû être rema-
niées dans bien des parties, et ces constructions du xivᵉ siècle sont dépourvues d'ornements. Aujourd'hui, il reste
uniquement à remarquer au premier étage de l'une d'elles,
les sculptures des pieds droits en forme de pilastres, d'une
petite fenêtre dont le linteau est mouluré.

Souvenirs historiques. — La venelle d'Assé aurait servi autrefois à communiquer directement de la rue de la Verrerie à la place Saint-Pierre. En 1315, Jacquet Bouju, bourgeois du Mans, avait deux maisons donnant sur cette venelle, l'une ayant façade sur la Grande-Rue, c'est-à-dire l'entrée de la venelle, l'autre (de pierre) située près l'église Saint-Pavin-la-Cité. (De Lestang. *Documents topographiques sur la ville du Mans, pour les XIV⁰ et XV⁰ siècles.*)

Continuons le passage pour pénétrer dans la

RUE SAINT-PAVIN-LA-CITÉ

(QUARTIER DE LA GRANDE-RUE)

Etroite rue tortueuse et mal pavée qui tire son nom de l'église paroissiale qui s'y trouvait. En 1793, elle fut appelée Jouye-Desroches, du nom du lieutenant-général au présidial de la sénéchaussée du Maine, lequel ayant pris du service dans les armées républicaines, fut tué glorieusement en Espagne. Tournons à droite et descendons vers la petite maison suspendue, jusqu'au

N⁰ 1. — L'humble habitation située au fond de la cour est bâtie sur l'emplacement de l'ancienne église paroissiale de Saint-Pavin-la-Cité, dont on commença la destruction en février 1792, époque à laquelle la paroisse a été réunie à la Cathédrale.

Cette église, d'abord simple oratoire, existait on ne sait depuis quel temps. L'évêque Hildebert, 1097-1125, en fit don aux chanoines de Beaulieu ; ensuite il l'érigea en paroisse. Une porte latérale communiquait avec la Cour d'Assé. Les inhumations se faisaient au grand cimetière. (Etoc-Demazy. *Essai sur les sépultures du Mans et de ses environs.*) Plus loin, est reproduit le texte d'une épitaphe autrefois gravée sur une plaque de cuivre, dans cette petite église; avant de lire cette longue inscription, demander à examiner les bas-reliefs placés au-dessus de deux cheminées en pierre, dans la maison en face qui porte le

N° 4. — Quelques personnes pensent que cette demeure était le presbytère de l'ancienne église Saint-Pavin. Le bas-relief établi au rez-de-chaussée présente, dans un carré de 1 mètre de côté, la *Lapidation de saint Étienne*, celui qui est situé au premier étage, est inscrit dans un rectangle de 1 mètre sur 70 centimètres, et montre le *Martyre de saint Sébastien*. Dans ces sujets traités suivant la *légende*, chaque personnage est assez bien ressorti, et les couleurs appliquées semblent animer ces petites scènes.

Remontons la rue pour faire arrêt devant le

N° 10. — Afin d'examiner dans la cour de cette maison habitée par JACQUES D'ARGOUGES, archidiacre de Sablé, lorsque LOUIS XI y descendit (18 novembre 1467 au 20 janvier 1468) : 1° une tourelle ogivale à pans, formant cage d'escalier ; 2° les décorations encore visibles dans une grande pièce située au rez-de-chaussée.

La porte de la tourelle est en arc lancéolé avec rampants garnis de quatre gros crochets. Le gable qui sert de couronnement est plein et mouluré. Il présente au centre un écusson retenu par un personnage dont les mains seules apparaissent ; en faisant attention on distingue un chevron accompagné de trois petits oiseaux posés 2 et 1. La grande pièce dont les solives du plancher et les entrevous ont été peints et ornés de petites rosaces dorées, a servi de chapelle pour le culte de la petite Église du Mans, jusqu'en 1843, époque de la mort de son directeur, JACQUES LEQUEN DE LA NEUVILLE.

SOUVENIRS HISTORIQUES. — Au XVIe siècle, la famille DENIZOT aurait habité la maison qui fait face à la rue Saint-Pavin-la-Cité, vers la Grande-Rue. (Ses armes étaient d'azur à trois épis d'or.)

L'épitaphe signalée plus haut et que M. HAURÉAU donne dans son *Histoire littéraire du Maine*, est celle de JEAN DENIZOT, bailli d'Assé, qui remplissait près du siège présidial du Mans, les fonctions d'avocat. Il était le père de NICOLAS DENIZOT, peintre et poète, né au Mans en 1515, mort à Paris en 1559.

Frère humain, visitant ce saint temple,
Approche-toi de ce tableau, contemple
Où mon corps gît, en cendres résolu ;
Tu apprendras qu'il faut, à mon exemple
Finir tes jours, payant le tribu ample
Qui a été en mon endroit solu.
Le dard de mort, trop triste et dissolu,
Est tant certain qu'il est inévitable ;
Mais si l'esprit par le corps est pollu
Là, prie pour moi que tel mal soit solu :
Le vivant doit être au mort charitable.
Or, recevez l'oraison lamentable
Que maître Jean Denisot, jà passé,
Ouïr, vous fait sous la pierre funèbre.
Lorsqu'il vivait, prudent bailli d'Assé,
Patron fameux, causidique célèbre,
Du sien fonda, par legs testamentaire,
En cet église, un tel anniversaire.
De messe haute, à diacre servie,
De saint Michel quand la fête on férie
Au mont Tuba pour acquérir merci,
A la fabrique et au prieur d'ici,
Donna six francs par an, à toujours mais,
Dont le prieur en prend quatre et plus ; mais
Après la messe, à chaque jour fêté,
Trois fois il dit le chant en bas noté.
A Notre-Dame, à Nogent-le-Rotrou,
A fait tel legs, à semblable charge, où
Naissance prit. Jésus, pour tel partage,
Lui donne ès cieux tel héritage !

Le savant et laborieux directeur de l'Imprimerie nationale ajoute : « Il est à croire que ces vers sont de Nicolas Denisot, a-t il pu laisser à d'autres le soin de célébrer la gloire de son père, lui qui, dès sa première jeunesse, prétendait être compté parmi les poètes ? cela n'est pas vraisemblable. »

L'anagramme de son nom est comte d'Alsinois.

Descendre l'escalier situé en face la borne-fontaine.

ESCALIER DE LA PETITE-POTERNE
(QUARTIER DE LA GRANDE-RUE)

Cette petite rue, dit Pesche (*Dict. stat. de la Sarthe*, t. III,
p. 302), est formée par un escalier, praticable seulement aux gens de pied, qui conduit de la rue Saint-
Pavin-la-Cité à celle de la Verrerie, et de là à la grande
poterne, qu'elle surmonte, pour descendre au bord de la
rivière, au nord-ouest de l'ancienne cité. Il existait probablement une première porte à l'extrémité inférieure de
cette ruelle, comme il s'en trouvait une au bas de la
grande poterne.

Rien à dire sur cet endroit qui n'a pas été toujours aussi
accessible qu'aujourd'hui. Il y a quelques années, avant
que la municipalité n'y fasse établir l'escalier qui existe,
ce passage était un véritable casse-cou.

RUE DE LA VERRERIE
(QUARTIER DE LA GRANDE-RUE)

Ce nom a-t-il été donné à la rue parce qu'une manufacture ou des marchands de verrerie y auraient été établis,
c'est ce qu'on ignore; elle fut appelée *Simonneau* par l'arrêté du 18 brumaire an II (8 novembre 1793).

N° 2 bis. — Maison renfermant une des curieuses tours
de l'enceinte de la Cité (n° 4 du plan). On pourra la voir
d'abord, en passant sur le quai du Pré, et mieux encore
rue Porte-Sainte-Anne. Cette tour comprend trois étages
indépendamment du rez-de-chaussée qui se trouve un peu
en contre-bas du sol de la cour. La maison s'étend jusqu'à la grande poterne ou porte Saint-Hilaire, l'escalier
d'habitation est à côté de la tour.

N° 16. — Dans le jardin, se trouve une terrasse établie
sur le massif restant de la *Tour des Écoles* (n° 3 du plan).

N° 24. — Le beau jardin dépendant de la maison contient, comme la précédente, un autre massif désigné sous le nom de tour de l'*ancien Hôtel-Doigny* (n° 2 du plan).

Les vestiges de ces deux dernières tours sont plus visibles rue Porte-Sainte-Anne. Sans demeurer plus longtemps dans cette rue, où le poëte d'OIGNY (1) est décédé à l'âge de 81 ans, entrons dans la

RUE DU PETIT-SAINT-PIERRE

(QUARTIER DE LA GRANDE-RUE)

Nom qui lui vient de ce que l'église de la paroisse Saint-Pierre-le-Réitéré ou Petit-Saint-Pierre, y était située. En fructidor, an II, cette voie avait reçu le nom de *rue de la Surveillance*.

A droite, où existe un égoût, la petite portion en contre-bas, interceptée depuis la destruction de l'église, n'est qu'une partie de l'ancienne poterne désignée sous le nom de Saint-Pierre-l'Enterré, et que les registres de la paroisse de Saint-Benoît, nomment *Porte-Péchanne*.

SOUVENIRS HISTORIQUES. — L'église du Petit-Saint-Pierre, située près des murs de l'ancienne cité, avait été décorée de stalles et d'un autel à la romaine en 1743. Elle n'offrait aucun intérêt sous le rapport de sa construction, et elle a été détruite en 1794. Le mot *réitéré* fait croire qu'elle est postérieure à l'église du Grand-Saint-Pierre.

Indépendamment du poète d'OIGNY, MM. CHAMPION, médecin, MOYNERIE, avocat, et BELIN DES ROCHES, conseiller au présidial,

---

(1) *René-François* CHAUVIN DU PONCEAU D'OIGNY, littérateur, né au Mans le 23 septembre 1749. Doué d'une imagination poétique, fougueuse, c'était dit son biographe, M. ÉTOC-DEMAZY, un conteur agréable, un gentilhomme enthousiaste. Personne n'était plus gai, plus spirituel et plus aimable auprès des femmes. Trente six mille livres de rente lui permettaient d'être libéral envers les pauvres, de satisfaire son goût pour la représentation et de traiter avec recherche et magnificence.

5

qui possédaient de riches bibliothèques, habitaient dans l'ancienne paroisse du Petit-Saint-Pierre.

N° 9. — Le massif d'une des tours d'angle (n° 1 du plan), servant de terrasse dans le jardin de cette maison, est voisin de l'emplacement de l'ancienne église paroissiale dont il vient d'être question.

N° 3. — « Façade de cour appartenant à une construction du xvii° siècle. La porte cochère à plein cintre est accompagnée de pilastres doriques en pierre de refend, ainsi que les voussoirs et les montants, le tout surmonté d'un fronton tronqué en enroulement avec un couronnement terminé par un pot de fleurs. Le tympan renferme un cartouche en écusson, orné de cannelures rubanées aussi en enroulement. Deux fenêtres superposées sont garnies de bossages et soutenues par deux consoles en cul de lampe, avec glyphes. » (RICHELET, *Le Mans ancien et moderne*, p. 158.)

Quelques pas et nous retombons une dernière fois dans la

GRANDE-RUE

(QUARTIER DE SAINT-JULIEN)

Allons un peu de l'avant, pour donner un coup d'œil aux façades suivantes ; d'abord à droite en montant au

N° 105. — Maison du xvii° siècle qui a une sortie dans la rue Saint-Flaceau. Le portail à bossages mérite attention.

En face voyons le

N° 114. — Habitation plus moderne que la précédente. Elle a été construite vers 1768 par un membre de la famille NEPVEU, *seigneur de Rouillon*. Les caves voûtées sont remarquables ainsi que les clefs des ouvertures qui sont sculptées dans le style Louis XV.

Un peu plus haut jusqu'au

N° 108. — Grand hôtel en pierre donnant dans la rue

Saint-Pavin-la-Cité. Il a appartenu à la famille AUBIN DE
PONTÔME, puis à celle des CHESNEAU DES PORTES, dont un
membre MATHIEU-GUY-JEAN-RENÉ, conseiller au présidial du Mans, fût le principal promoteur de l'établissement d'une salle de théâtre au Mans. En principe
toutes les ouvertures de cette vieille maison étaient sans
doute à croisillons, les pieds droits de quelques unes sont
aussi ornés.

En face au

N° 97. — Un des principaux hôtels de la sénéchaussée
du Maine, habité par PIERRE DE COURTHARDY (1) au
XVIᵉ siècle, par la famille DENIZOT, avons nous dit, puis par
les SAMSON DE LORCHÈRE (2). Au-dessus de la porte, écusson dont les armoiries ne sont plus visibles.

SOUVENIRS HISTORIQUES. — M. l'abbé VOISIN (3), dit : « Au
devant on a rencontré dans le sol des colonnes avec leurs bases,
en place, et des monnaies qui sembleraient attester la présence
d'un palais tout autrement ancien ; derrière, une entrée du
XVᵉ siècle est marquée aux armes de France (rue Saint-Flaceau,
n° 10 bis). Un passage souterrain établissait des communications ;
particulièrement avec une maison située de l'autre coté de la rue
Saint-Flaceau, sans parler d'une ancienne galerie détruite de nos
jours. »

---

(1) Premier président du parlement de Paris, sous FRANÇOIS Iᵉʳ, mort
en 1505. Armes : *De sable à deux épées d'argent en sautoir, les pointes
en haut.* La tombe de cet illustre personnage est dans l'église de *Chemiré-le-Gaudin* (Sarthe).

(2) Famille établie depuis longtemps dans notre province; on y compte
PAUL, LOUIS, FRANÇOIS, ALEXANDRE DE SAMSON, écuyer, *seigneur de
Lorchère*, né au Mans, paroisse de Saint-Pierre-de-la-Cour, le 3 mai 1695,
décédé le 21 juin 1764 et enterré dans l'église de l'oratoire. Il était lieutenant général à la sénéchaussée et au présidial du Maine et maire perpétuel
de la ville. Ce personnage qui était aussi subdélégué de M. l'intendant de la
généralité de Tours, avait composé une précieuse et importante bibliothèque
conservée aujourd'hui au château de la Groirie, près Le Mans.

(3) *Le Mans à tous ses âges*, p. 223.

Maintenant descendons rapidement, pour arriver au

N° 107. — Ainsi qu'on le voit, cette maison fait l'angle de la *rue Godard.* Le poteau cornier qui en dépend, est surmonté d'un personnage sculpté revêtu d'un manteau, mais le tout est aujourd'hui dans un état de vétusté fort avancée. (Voir l'avant-dernière vignette.)

En faisant encore quelques pas, nous arrivons devant une borne-fontaine qui marque le voisinage de l'emplacement autrefois occupé par la *porte Ferrée* ou *porte de la Cigogne;* aujourd'hui il ne reste plus trace de cette porte de ville détruite en 1833. Contentons-nous de rappeler que l'horloge disposée au-dessus de cette ancienne porte, a été placée dans l'église Saint-Benoît, d'après le témoignage recueilli de la bouche de plusieurs vieillards.

SOUVENIRS HISTORIQUES. — Lors de la démolition de cette porte, M. GADOIS père, ancien maître de poste, a recueilli et fait don au *Musée archéologique,* d'une clef de voûte, en pierre, du xvie siècle, qui montre des clefs et des chandeliers alternés, rappelant les armes de la ville du Mans et celles du chapitre de la cathédrale. (N° 341 du catalogue.)

Sans s'attarder davantage, gagnons la

RUE GODARD

(QUARTIER DE SAINT-PIERRE)

Étroite voie, qui tient son nom de celui de CHARLES-PIERRE GODARD D'ASSÉ, avocat au présidial du Mans. La maison située au sommet de l'escalier des Boucheries, actuellement occupée par le bureau de bienfaisance, a été construite en 1730, par ce célèbre orateur, dont la famille habitait au Mans, depuis le xviie siècle, les paroisses de Saint-Pierre-le-Réitéré et du Grand-Saint-Pierre. Portait: *parti au premier de gueules, au cygne d'argent sur une terrasse de sable, avec un chef d'azur chargé d'une étoile d'or; au deuxième, d'or au lion rampant couronné de gueules, avec un chef d'argent chargé d'une hure de sable défendue de gueules.*

Prendre à gauche la

RUE SAINT-FLACEAU

(QUARTIER DE SAINT-PIERRE)

Nom provenant d'une chapelle dédiée à Saint-Flaceau, abbé, qui y existait anciennement. Un arrêté du 18 brumaire an II, avait nommé cette voie rue *Jean-Jacques Rousseau.*

On pense que la chapelle fut d'abord celle du palais des comtes du Maine (l'hôtel de ville actuel), dont elle était voisine et qu'elle servit d'église paroissiale aux habitants du quartier jusqu'à ce que ayant été incendiée et détruite, l'église collégiale de Saint-Pierre-la-Cour eût cette destination.

Plusieurs auteurs ont prétendu reconnaître les vestiges de cette chapelle, qui se voyait encore au xii⁰ siècle, soit dans la maison n° 2 avec son pan de mur percé d'une large ouverture cintrée, soit dans les caves de la maison n° 8. Moins heureux que nos devanciers, nous n'avons rien découvert dans chacune de ces habitations, pouvant rappeler le souvenir de cet édifice, qui pourtant, devait être placé non loin de l'entrée de la rue Saint-Flaceau.

Presque toutes les maisons situées dans cette rue, ont été construites sur les murs de l'enceinte gallo-romaine. Bien qu'il existe encore quelques débris de ces travaux de l'antiquité, ils ne sont plus suffisamment conservés, pour demander à pénétrer dans les habitations qui cachent ces rares vestiges, parfois difficiles à retrouver. Lorsque nous passerons dans la *rue des Bas-Fossés,* on verra aisément les parties intéressantes de toutes ces constructions, édifiées sur la portion orientale des vieux remparts.

Il ne faut cependant pas quitter cette rue, sans faire

attention à l'écusson placé au-dessus de la porte cintrée à bossages en diamant (n° 10 *bis*); avec un peu de bonne volonté on pourra encore distinguer les armes de France que l'on y a sculptées, bien qu'en somme, il ne reste de très apparent que les deux petits anges qui accostent ledit écusson. Après avoir constaté ces motifs héraldiques, franchissons de nouveau la *place Saint-Pierre* pour descendre la

RUE DES PONTS-NEUFS
(QUARTIER DE SAINT-PIERRE)

« Du carrefour de la Sirène à la place Saint-Pierre, se trouve une voie divisée en deux parties par la rue des Filles-Dieu et anciennement par un pont-levis, remplacé plus tard par une arche en pierre, d'où est venu le nom de *Pont-Neuf*, et où passaient les eaux du ruisseau du Merdereau. Une partie de la voie prenait le nom de *rue du Grand-Pont-Neuf*, et l'autre partie celui de *rue du Petit-Pont-Neuf*, puisqu'il n'y avait qu'un pont. » (LEGEAY, *Les rues du Mans*, p. 91.)

Au sommet de cette rue, une porte de ville avait été pratiquée dans la muraille de la vieille cité, elle servait d'issue vers la place Saint-Pierre, à l'ancien quartier de la Couture. Une amorce de cette muraille est encore très visible d'un côté.

SOUVENIRS HISTORIQUES. — « La tradition signale la cour de la Juiverie et son moulin (*R. des Ponts-Neufs*, 33), et le Cartulaire de la Couture, leur école (*maisons* n°s 43, 45), dont on remarquerait seulement aujourd'hui la grande salle. » (VOISIN, *Le Mans à tous ses âges*, p. 261.)

Nous sommes arrivés à l'extrémité de cette voie rendue très accessible (aux piétons du moins), par la suite de paliers que la municipalité a fait établir depuis quelques années.

La jolie maison qui fait face, habitée aujourd'hui par M. Héry, date de 1725. C'était la demeure de *François-Louis Véron*, sieur du VERGER, actif industriel à qui notre province dût les tentatives d'acclimatation du mûrier et de l'élève du ver à soie. Sa famille a dirigé pendant près de deux siècles, au Mans, la fabrication des étamines qu'un de ses ancêtres y avait importées et perfectionnées (1). (Voir à ce sujet une intéressante note biographique, à la p. 378 du t. I des *Mémoires de René-Pierre Neveu de la Manouillère*, publiés et annotés par M. l'Abbé G. ESNAULT.)

Cette habitation était connue autrefois sous le nom d'*Hôtel de la Sirène* ; sans doute à cause du bas-relief mythologique sculpté sur le pignon, représentant ce monstre marin qui attirait par ses chants les hommes, afin de les dévorer.

RUE DE LA BARILLERIE
(QUARTIER DE LA SIRÈNE)

L'auteur des *Rues du Mans* dit : « Les substructions trouvées dans la rue de la Barillerie indiquent qu'elle est d'origine romaine. Au commencement du XIVᵉ siècle, une famille LE BARILLER a fait édifier une usine le long de cette voie, et sa construction a pris le nom de *Maison de la Barillerie*, et le puits qui en dépendait a fait appeler cette rue : *rue du Puits de la Barillerie*, puis *rue de la Barillerie*.

De son côté, M. l'abbé VOISIN (2) lui donnerait une autre étymologie, en insinuant qu'au Moyen-Age les *barillers* travaillaient des fûts pour les vins recherchés, dont l'entrepôt aurait eu son emplacement le long de la contrescarpe des fossés Saint-Pierre.

---

(1) En Italie, une étoffe est encore appelée *Véronaise*, du nom de son inventeur.

(2) *Le Mans à tous ses âges*, p. 91, 92.

Nᵒ **14.** — Dans la cour qui précède cette maison, petit avant-corps servant de vestibule et logeant un escalier destiné à desservir les étages. Sur la partie inférieure des pieds-droits de la fenêtre donnant dans la cour, on voit des motifs semblables à ceux en usage au commencement de la Renaissance ; ils sont convenablement fouillés et, en général, assez bien conservés. La frise est aussi ornée de petites arabesques, entre lesquelles est sculpté à gauche un agneau, et à droite une tête de femme. (C'est peut-être intentionnellement que l'agneau, symbole de la douceur, est placé dans une coquille, c'est-à-dire l'attribut des personnes qui ont mené une vie de pèlerin). Au-dessus règne une suite de petits fleurons encadrés isolément. La remise construite récemment en bas-côté masque une partie de cet avant-corps, et particulièrement deux autres médaillons de 0ᵐ,40 de diamètre, qui font suite à ceux en vue dans la cour : l'un représente un saint Jean, l'autre une tête de femme.

Inutile de suivre cette rue dans tout son parcours ; mais ne nous éloignons cependant pas sans signaler la maison

Nᵒ **18.** — Elle fait l'angle de la *rue des Falotiers* et de celle dans laquelle nous nous trouvons. Cette grande habitation a été bâtie en 1745, par Charles-Dominique Cureau, ancien échevin en titre de l'Hôtel de ville et marchand d'étamines.

RUE DES FALOTIERS

(QUARTIER DES FOSSÉS-SAINT-PIERRE)

Nom dû évidemment à une fabrique de *Falots* qui s'était établie là spécialement. Elle a été aussi appelée *rue Leffray*, du nom d'un tailleur d'habits, propriétaire de plusieurs maisons situées près de cette voie.

Souvenirs historiques. — Avant que les villes ne fussent pourvues de réverbères, personne ne sortait le soir sans avoir un falot, c'est-à-dire une grande lanterne. On sait du reste qu'au XVIIe siècle, il existait même des porte-falots à l'entrée des lieux de rassemblements.

Inutile de s'arrêter dans cette petite rue, celle qui lui fait suite est la

RUE DES BAS-FOSSÉS ou FOSSÉS-St-PIERRE

(QUARTIER DES JACOBINS)

Ainsi appelée à cause des fossés qui existaient à cet endroit, c'est-à-dire au pied des murs de l'ancienne cité. Lorsque ces fossés furent comblés, on planta plusieurs rangées d'ormeaux, qui furent abattus vers 1814.

A notre droite, les constructions à rez-de-chaussée alignées au-devant de la partie inférieure ou *crypte* de l'ancienne église de Saint-Pierre-la-Cour, viennent d'être aménagées pour les ateliers de l'école supérieure professionnelle gratuite. Excellente institution, car elle a non-seulement pour but de fortifier l'instruction de tous les jeunes gens pouvant justifier de connaissances primaires élémentaires, mais aussi d'abréger la durée de l'apprentissage à l'atelier. Les élèves doivent suivre régulièrement pendant trois années les cours et les exercices manuels enseignés.

Demandons d'abord à pénétrer dans la cour, dont M. l'abbé Robert Charles (1) a donné un dessin très exact de cette partie occidentale.

De ce côté, la construction est remarquable par la disposition régulière du petit appareil, ainsi que par les énormes contreforts qui accostent les murs.

_____

(1) Voir *les Artistes manceaux de l'église de Saint-Pierre-de-la-Cour*, p. 9.

La crypte, réservée pour les cours publics du soir et où se tiennent quelques réunions, est voûtée. En raison de la situation des deux colonnes placées au milieu de l'édifice, le plafond présente six travées, ou plutôt six petites voûtes ogivales, dont les arceaux conduits en lignes diagonales retombent sur les colonnes couronnées de chapiteaux à ornementation végétale. Une rosace formant clef de voûte est encore apparente au point d'intersection des nervures. L'édifice a 18^m,30 de long sur 12^m,60 de large, et date du XIVe siècle. Il est éclairé par sept baies, ayant cela de particulier, qu'à l'intérieur les ouvertures sont à lancettes, tandis qu'extérieurement la forme a été modifiée pour suivre celle à plein cintre donnée aux fenêtres modernes, placées au lieu des vitraux qui y existaient.

Il faut également signaler l'escalier qui, autrefois, donnait accès à la crypte. Au premier palier, l'endroit où se trouvait la porte de communication est encore visible. Cet escalier en pierre de taille est couvert d'une voûte dont les nervures, très apparentes, appliquées sur les arêtes, sont disposées en sens contraire.

L'examen terminé, poursuivons cette rue, qui forme un angle sensiblement droit. C'est avec juste raison que M. le vice-président de la Société historique et archéologique du Maine (1) dit de cet endroit : « Nous touchons ici, peut-être, au point le plus curieux, le moins connu des enceintes de la ville, tant les murs de tous les âges s'enchevêtrent les uns dans les autres. A cette difficulté se joint, en outre, celle de distinguer la nature du parement des murailles, dissimulé par des enduits récents ou noirci par la fumée des forges aujourd'hui abandonnées. »

Nous ne saurions trop engager les personnes qu'une telle

---

(1) Robert CHARLES, *Description de l'Enceinte gallo-romaine,* t. IX de la *Revue historique et archéologique du Maine.*

étude intéresse, à consulter les pages consacrées à cette partie des remparts, aujourd'hui dépourvue de tours, il est vrai, mais dont la ligne de constructions étagées sur les débris des courtines produit un aspect si bizarre. La valeur de cette consciencieuse description est encore augmentée par les dessins si fidèles, dûs à l'habile crayon de M. BOUET.

Ici, nous ferons remarquer que notre plan diffère un peu de celui de M. VOISIN par l'emplacement qui est assigné aux quatre dernières tours; la comparaison du plan ci-joint avec celui de l'auteur des remarquables *Nouvelles explorations sur les remparts du Mans* a pour résultat de rétablir (sur le dessin) la place des tours du *Bourreau* et des *Boucheries*; telles, du reste, que le savant abbé les décrit, p. 117 du travail ci-dessus rappelé. Par contre, nous sommes d'accord avec M. Robert CHARLES en ne faisant figurer sur la partie méridionale aucune tour, car nous n'avons pu en reconnaître trace. Il n'y a également qu'une tour d'indiquée dans le voisinage du chœur de la Cathédrale.

Cette voie se termine à la

RUE DES BOUCHERIES
(QUARTIER DE LA PLACE DE L'ÉPERON)

Étymologie facile à deviner, puisque, dès 1693, les bâtiments qui servent aujourd'hui de marché à la viande et où se tient la criée le matin, avaient été spécialement construits pour des *boucheries*. Plus tard, cette halle à la criée, ainsi que les bâtiments qui se trouvent à la suite, ont été affectés à la halle aux chanvres, puis loués comme magasins; l'un d'eux est encore destiné à cet usage.

La première chose qui frappe est le vaste escalier en pierres pratiqué en 1695 dans les murailles gallo-romaines, pour faire communiquer la cité avec la ville basse.

L'ancien grenier à sel construit en 1736, formait l'angle de cette rue avec la

PLACE DE L'ÉPERON

(QUARTIER DE SAINT-BENOÎT)

« La place de l'Éperon date de 1691 ; elle fut ainsi nommée à cause d'une fortification, espèce de bastion en forme
d'éperon, construit en 1591 par les ordres de HENRI IV.
Lorsqu'on le démolit, ses décombres servirent à combler
les fossés sur lesquels on éleva des maisons. On trouva à
cette époque, près de ces mêmes fossés, les vestiges d'une
voie appelée *rue du Chantre*. La place fut élargie en 1740,
et on planta des avenues d'ormeaux qui, depuis, ont disparu. » (*Les Rues du Mans*, par F. LEGEAY.)

SOUVENIRS HISTORIQUES. — La grande maison n° 25, aujour-
d'hui magasin de nouveautés, a été bâtie vers 1776 par le comte
de VALENTINOIS et habitée plus tard par la marquise douairière
DE MONTESSON.

C'est sur la place de l'Éperon qu'un engagement à la baïonnette
eût lieu en 1793, entre les troupes républicaines et les Vendéens, plus de 5,000 de ces derniers furent tués ou blessés
sur les places ou dans les rues.

Bien que l'itinéraire ne nous oblige point à parcourir
toute cette place, où la boucherie et la poissonnerie se
tenaient avant la construction de la halle à la viande citée
plus haut, il ne faut cependant pas la quitter, sans rappeler que les bâtiments (si peu remarquables) de la poissonnerie, situés en face la *rue de la Vieille-Porte*, datent
de 1734. Tout à côté, se trouve la légendaire fontaine mira-
culeuse dite de Saint-Julien, au-dessus de laquelle un bas-
relief sculpté sur la pierre, représente le prélat en habits
sacerdotaux, faisant jaillir de l'eau près d'une jeune fille
tenant un vase à la main. Malheureusement cette eau est
la moins salubre de toutes les fontaines de la ville, en raison de la grande quantité de muriate de magnésie et de
chaux, et du sulfate de calcaire qu'elle contient. C'est le

docteur LEBRUN qui signale ce fait, dans son *Essai de topographie médicale de la ville du Mans.* (1 vol. in-8° de 92 p.)

Entrons maintenant dans la

RUE DE LA VIEILLE-PORTE

(QUARTIER DE SAINT-BENOÎT)

A pris son nom de la porte de ville pratiquée dans l'*enceinte de Saint-Benoît.* Il paraît que cette porte qui a été détruite en 1792, avait un pont-levis, et était garnie de deux tours avancées. Une auberge ayant pour enseigne une rose, avait donné à cette voie le nom de *rue de la Rose.*

SOUVENIRS HISTORIQUES. — En visitant le Musée archéologique, on pourra remarquer une clef de voûte provenant de la vieille porte, offrant un aigle d'un beau style dans une couronne (xv° ou xvi° siècle), n° 306 *du Catalogue.*

La première petite rue qui s'ouvre à droite est la

RUE DES POULES

(QUARTIER DE L'ÉPERON)

Ainsi nommée parce que le marché aux volailles avait lieu en cet endroit.

N°12.—Maison avec tour à pans, renfermant un escalier en pierres. Les trois fenêtres à gauche sont encadrées en partie, par des nervures prismatiques terminées par des petites figures humaines et des têtes d'animaux. Ces fenêtres ont été établies à croisillons; celle du deuxième étage a seule conservé ses meneaux rectangulaires en pierre. Le chien grossièrement sculpté et fort mutilé placé dans l'une des ouvertures de la tour, appartenait à la maison voisine démolie il y a quelque temps déjà.

Plusieurs pas et nous passerons sur le côté de la halle à la criée, donnant dans le bas de la

RUE DE LA TRUIE-QUI-FILE

(QUARTIER DE LA GRANDE RUE ET DE SAINT-BENOÎT)

Nom d'une enseigne fantasque sculptée autrefois sur une des maisons de cette voie, connue également sous le nom de *rue de la Cigogne.* (Cet oiseau, que les iconographes regardent comme le symbole de la reconnaissance, servait d'enseigne à la maison qui porte le n° 2, nous nous souvenons fort bien l'avoir vue il y a une trentaine d'années.)

L'accès de la rue est difficile, aussi afin de ne point éprouver de fatigues inutiles, descendrons-nous rapidement la

RUE DES TROIS-SONNETTES

(QUARTIER DE SAINT-BENOÎT)

Ainsi que M. LEGEAY, nous pensons que l'étymologie pourrait bien venir d'une hôtellerie ayant pour enseigne *trois Sonnettes.*

N° 11. — Cette maison à deux étages, récemment restaurée, est en bois, à ressaut, et dans le même goût que certaines constructions de la Grande-Rue; elle n'offre rien de remarquable.

A côté, au

N° 13. — Façade de l'habitation signalée tout à l'heure, au n° 12 *de la rue des Poules.* Le rez-de-chaussée est aujourd'hui converti en boutique. On y remarque encore, quoique bien frustes, deux personnages sculptés de chaque côté. Le premier et le deuxième étages étaient aussi garnis de marmousets, mais ils sont détruits et il n'y a plus d'apparent que les pans de bois disposés suivant les formes particulières aux constructions du xive siècle.

La rue qui fait suite est la

RUE DORÉE

(QUARTIER DE SAINT-BENOÎT)

Une des plus anciennes de la cité, son nom vient

de ce qu'autrefois elle était particulièrement habitée par les orfèvres, les changeurs, etc. Pendant quelque temps on l'a baptisée, *rue de l'Orée*. Sous la Révolution elle fut appelée *rue de l'Unité*.

La première maison dont on pourrait dire un mot, est précisément celle qui porte le

N° 1. — Vieille construction à deux étages en ressaut, avec pignon donnant dans la *rue de la Vieille-Porte*, n° 11. Le rez-de-chaussée sert de boutique et les étages ont été récemment revêtus d'un enduit dit « tyrolien ». Selon nous, ce nouvel habillement est loin d'être en harmonie avec l'époque de la maison ; il suffit de jeter un coup d'œil sur les petits potelets qui encadrent les fenêtres des étages, ainsi que sur les pièces de charpente en saillie, pour voir que l'on est en présence d'une habitation remontant au Moyen-Age.

N° 7. — Grosse tête d'homme sculptée en bois, sur un des montants de la porte de cette maison, qui n'offre que cela de particulier.

N° 17. — C'est dans la *rue Saint-Louis*, n°ˢ 26, 28, que se trouve la façade principale de cette grande maison, connue autrefois sous le nom d'hôtel Fondville (1). Il fut vendu 60,000 fr., et de 1801 à 1848 il a servi de palais épiscopal ; les jardins donnaient également de ce côté.

La tour octogonale qui s'avance au milieu, sert de cage

---

(1) RICHARD DE FONDVILLE, qualifié écuyer, conseiller du roi, receveur particulier des finances de l'élection du Mans, receveur des tailles, receveur général et particulier des gabelles et des huiles; seigneur des Épichelières (Souligné-sous-Vallon) et autres lieux. Il avait épousé le 27 août 1740 Louise-Marie BAILLY DE SAINT-MARS, spirituelle et charmante personne dont le remarquable buste en terre cuite (signé : DE FERNEX, 1749), a été légué au Musée de la Préfecture, en 1860, par testament de Mᵐᵉ DE NEPVEU DE VILLÉE.

Voir une intéressante notice de M. D'ESPAULART, intitulée : *A propos d'un buste de Mᵐᵉ de Fondville*. Brochure in-8° de 28 pages, imprimée chez Monnoyer frères, 1862.

d'escalier et divise par conséquent en deux la partie postérieure de cette construction ; le côté gauche est aujourd'hui presque entièrement masqué par des magasins servant de dépôt de poterie. Le soubassement de l'appui de la fenêtre du premier étage est rempli par deux couronnes de fruits, renfermant deux bustes qui représentent peut être les propriétaires. Le soubassement de la lucarne du même côté, porte en relief deux figures à mi-corps, savoir : un moine et un guerrier accompagnés de deux cartouches rubannés. Le pignon de la lucarne est chargé d'une tête couverte d'une espèce de tresse en enroulement et d'un bout de draperie jeté sur le cou. A droite le soubassement de la fenêtre du premier étage renferme deux aigles éployées (seule la partie inférieure du corps est reconnaissable). La frise qui repose sur le linteau de cette même fenêtre, représente un hercule luttant avec un lion et lui tenant la gueule ouverte. Les pilastres de la lucarne sont ornés de moulures d'un assez bon goût, et surmontés de deux marmousets destinés à servir d'accompagnement au pignon.

« Tout ce travail, dit M. RICHELET, se ressent de l'époque de la décadence qui vit la renaissance de l'art. » Nous estimons que le badigeon qui vient d'être appliqué sur les sculptures est venu augmenter davantage cette infériorité artistique. (Voir au *Musée des monuments historiques*, un vase en terre cuite, style Louis XV, provenant du jardin de l'ancien Évêché. *No* 441 *du Catalogue.*)

N° 35. — Dans la cour, existent les vestiges d'une tourelle qui vraisemblablement correspond à celle dite de la *Vassorerie* (n° 42 du plan annexé). Cette tour creuse percée d'ouvertures ou meurtrières nécessaires à la défense, donne également dans le jardin de la maison n° 41.

En face, demandons à visiter les restes intéressants d'une construction de la dernière période romane ; ils se trouvent au rez-de-chaussée de la maison.

N° 34. — Vastes magasins donnant dans la *rue Saint-Benoît*, n° 1, divisés en deux portions. Dans la première (dimensions dans œuvre 9ᵐ sur 10ᵐ), existe deux larges arcades à plein cintre brisé ; dans la deuxième (5ᵐ sur 9ᵐ), il n'y a qu'une seule arcade. Remarquons les étroites fenêtres pratiquées dans des murs d'une certaine épaisseur, ces ouvertures sont encore garnies des armatures en fer auxquelles se rattachaient les vitraux.

SOUVENIRS HISTORIQUES. — Les archives de nos hospices ont révélé à M. l'abbé VOISIN (1), qu'avant l'année 1285, là se trouvait le collier de l'hôtel de THIBAULT-FAFELÉE, qui, par son testament, le léguait à l'hôpital Saint-Lazare, et qu'au milieu du XVIᵉ siècle, on le louait pour servir de grenier à sel.

Avant de quitter cette voie dont presque toutes les habitations contiennent encore des restes de *l'Enceinte dite de Saint-Benoît*, nous répèterons avec l'auteur du *Mans à tous ses âges*, que le pavage de la *rue Dorée*, dans une longueur de 20 mètres, vis à vis des maisons nᵒˢ 7, 8, etc., recouvre celui d'un grand édifice gallo-romain, dont on peut voir quelques débris déposés à la Bibliothèque communale. Enfin, il ne faut pas oublier de relater que la maison n° 47 a été autrefois habitée par le célèbre avocat manceau JULIEN BODEREAU (2).

Prenons à gauche une petite voie, qui ne figure pas sur notre plan, c'est la

RUE DE LA GALÈRE

(QUARTIER DU PONT NAPOLÉON)

Ainsi nommée parce que l'hôtel encore désigné sous cette appellation, portait (1832), un fronton dont le tympan

---

(1) *Le Mans à tous ses âges*, p. 207.
(2) Né au Mans, en 1599 ; à 21 ans, il exerça la profession d'avocat

6

représentait en relief un petit bâtiment mâté appelé *Galère*, orné de deux pièces de canon, et dont la marche était aidée par des rameurs.

Sans s'arrêter, détournons à droite pour arriver au

PONT NAPOLÉON

(QUARTIER DU PONT NAPOLÉON)

Il porta le nom de *Pont-Royal* pendant les quinze années de la Restauration, et a repris celui de Napoléon en vertu d'un arrêté municipal pris le 10 mars 1832.

Nous ne ferons que franchir ce pont à trois arches, dont la première pierre fut posée le 24 juin 1809. Les fouilles que l'on a du faire pour les fondations ont mis à découvert une très grande quantité d'antiquités romaines, dont la majeure partie a été déposée au Musée de la préfecture. (Consulter l'intéressant mémoire de M. l'Ingénieur en chef des Ponts et chaussées DAUDIN, qui a dirigé les travaux ; il a pour titre : *Exposé des Objets d'antiquités trouvés au Mans dans les fouilles des fondations du pont Napoléon en 1809*. Consulter également le curieux travail publié en 1829 par M. DE CAUMONT : *Essai sur les Poteries romaines et les nombreux Objets d'antiquités qui ont été trouvés au Mans en 1809*).

N'allons pas plus avant et détournons à droite pour suivre le *quai Napoléon*, mieux désigné sous le nom de

QUAI DU PRÉ — RIVE DROITE

(QUARTIER DU PONT-YSOIR)

A partir de la passerelle métallique qui a remplacé l'an-

---

près le siège présidial de cette ville. JULIEN BODEREAU est décédé au Mans, le 13 juin 1662, et fut inhumé dans l'église de Saint-Benoît.

Le nom de JULIEN BODEREAU a été donné à une des voies du quartier des Jacobins.

tique Pont-Perrin, on ne saurait trop engager les amis du
pittoresque, à poursuivre avec attention jusqu'à la rue
Ducré, afin d'observer l'effet vraiment particulier que produit l'ensemble des constructions qui dominent la rivière.
Elles sont d'inégale hauteur et presque toutes terminées
par un pignon triangulaire revêtu d'ardoises.

Au premier plan, c'est le jardin anglais disposé à la place
de l'*Enceinte de la Tannerie*, lequel contient çà et là quelques
vestiges de cette muraille du xiiie siècle, en partie recou-
verts de lierres, indépendamment des ruines de la *tour
Toussaint* (n° 38 du plan), dont le pied baigne dans la
Sarthe.

A droite, le rustique clocher de l'église Saint-Benoît,
présente ses étroites ouvertures à plein cintre, encadrées par de grossiers contreforts. Un peu plus loin, s'élève
la toiture aiguë d'une tourelle dépendant de la maison
rue du Petit-Saint-Pierre, n° 5, dans laquelle nous avons vu
il y a quelques années seulement, une fort belle cheminée
Renaissance ; puis c'est la *tour du Vivier*, remarquable par
la régularité de ses petites pierres cubiques. L'*Hôtel de
Vaux* avec sa terrasse élevée sur la courtine du rempart,
se distingue parmi ces vieilles masures de la Cité primitive. Tout proche, se dresse la *tour des Ardents* ; enfin
apparaît la *tour de Tucé*. L'ancienne fabrique de toiles
située du côté opposé, a été construite sur l'emplacement
de l'antique église paroissiale de Saint-Jean (1), et du

---

(1) Elle fut la seconde église abattue pendant la tourmente révolutionnaire.
On ignore l'époque de l'érection de la paroisse et celle de la fondation de
l'église, qui touchait la Sarthe au levant. Cette paroisse avait son cimetière particulier. Un second cimetière dépendant aussi de la même
paroisse, existait au delà de la rue, en face du premier ; il était destiné à
recevoir les étrangers, les enfants morts sans baptême, et les hommes qui,
las de la vie, n'avaient pas eu le courage d'en supporter le fardeau. On
l'appelait *la Perrigne*. Ces deux cimetières ont été fermés en 1791.

prieuré de Saint-Victeur (1). (Voir sur ce dernier établissement un mémoire de M. A. Voisin, inséré p. 911 au
t. XVI du *Bulletin de la Société d'Agriculture Sciences et Arts
de la Sarthe*).

Détournons à gauche, pour gagner la

RUE DUCRÉ

(QUARTIER DU PRÉ)

C'est le nom d'un négociant de la ville qui possédait des
terrains dans le quartier; il fit ouvrir cette voie qui part
de la *rue Montoise*. Les hauts murs que l'on voit, servent
de clôture au *Dépôt départemental de mendicité* aménagé depuis 1854 dans les dépendances de l'ancienne abbaye du
Pré. De 1821 jusqu'à cette époque, ces bâtiments ont servi
à la communauté des *Religieuses du Sacré-Cœur*, installée
aujourd'hui avenue de Paris.

Après quelques pas nous nous trouverons

PLACE DU PRÉ

(QUARTIER DE L'ÉGLISE DU PRÉ)

L'ornement de cette place autrefois plantée d'arbres, est
la remarquable église de l'abbaye, l'un des plus anciens
édifices de la ville, classé parmi les monuments historiques.
Sur le sol qui l'entoure, existait le cimetière des premiers
chrétiens, ainsi que l'église paroissiale primitive détruite
en 1793.

Dès l'origine, l'église qui se présente à nos regards, n'é-
tait autre que la basilique que fit commencer saint Julien,

---

(1) Ce prieuré, appelé encore *Saint-Victor*, remonte au VIᵉ siècle; l'église
fut reconstruite plusieurs fois depuis cette époque.

Le Musée des monuments historiques renferme divers fragments de
sculptures trouvés en cet endroit. (Nᵒ 336 à 340 *du Catalogue*).

premier évêque de la province. On sait que l'apôtre du Maine est mort à *Saint-Marceau* (1) et que ses disciples rapportèrent son corps, puis l'ensevelirent dans la crypte qui existe sous l'exhaussement du chœur.

Cette crypte mutilée à l'époque de la Révolution, a été habilement rétablie dans le style roman, sous la direction de M. l'architecte DARCY (2). Elle est de forme rectangulaire et a 7 m. 50 c. de long sur 5 m. 40 c. de large ; la voûte, qui a 2 m. 55 c. de hauteur, repose sur 6 petites colonnes cylindriques disposées sur deux rangs. L'église première trouvée trop petite pour le monastère qui s'était élevé à côté et pour les nombreux pèlerins qui venaient visiter le tombeau de saint Julien, a été agrandie. Ce monastère fut d'abord occupé par des moines et a été entièrement détruit par les Normands en 865.

Voici les dates marquant les principaux caractères architectoniques de ce monument, qui a la forme d'une croix latine : le chœur, les chapelles absidiales, ainsi que les transepts et les deux premières travées de la nef sont du milieu du XIe siècle. C'est l'époque à laquelle ce monastère fut reconstruit par une généreuse dame nommée LÉZELINE, qui y plaça des religieuses soumises à la règle de Saint-Benoît. (Cette abbaye fut fermée le 2 novembre 1792). La façade date de la seconde moitié du XIIe siècle. Ainsi qu'on le voit, la nef a été avancée d'environ 4 mètres.

Nous préférions cette entrée principale telle qu'elle existait en 1879, car si dans ce travail le style architectonique a été religieusement observé dans toute sa pureté ;

---

(1) Commune du département, près Beaumont-sur-Sarthe.

(2) M. DENIS DARCY a jadis habité notre ville où il a laissé des ouvrages remarquables. C'est lui qui avait donné le plan du joli escalier tournant qui donne accès dans l'église de la Visitation, place des Halles.

il n'en est pas moins très visible, et pour longtemps encore, que le cachet d'origine ne règne plus aussi complètement, par suite de l'absence d'uniformité de couleur, entre les parties anciennes et les nouvelles.

Les voûtes de la nef appartiennent au xive siècle, avant, le plafond était formé d'une simple charpente à lambris.

La fenêtre inférieure du transept nord est ornée d'un curieux vitrail formé de deux panneaux ; celui du crucifiement remonterait du xve siècle et le panneau inférieur qui fait voir le portrait d'Isabeau de Hauteville à genoux aux pieds de saint Julien, serait de la fin du même siècle; au bas on distingue les armoiries de cette abbesse : *fascé d'argent et de sable au sautoir de gueules.* A droite de la chapelle, une toile assez grande sur laquelle on lit F. FLEVROT FECIT montre la Vierge et l'enfant Jésus distribuant le rosaire à saint Dominique et à sainte Thérèse. Dans ce tableau Marguerite de Niée de Guespré, qui introduisit la réforme dans la maison, se trouve représentée avec les religieuses de sa communauté; ses armoiries y sont également figurées : *parti d'azur à la fasce d'or accompagnée de trois besans du même, 2 et 1 ; puis d'hermine aux besans de gueules posés également 2 et 1.* Puisque cette abbesse gouverna le monastère entre 1618-1644, il paraît vraisemblable que ce tableau date du xviie siècle.

Dans une des arcatures du bas-côté sud, est placé un petit bas-relief représentant une translation de reliques; cet ouvrage en pierre qui est revêtu de couleurs polychromes serait du xvie siècle.

Le transept sud contient un tableau plus moderne, c'est une sainte Madeleine à genoux devant un prie-Dieu, d'après Le Brun.

Enfin les jolies peintures qui ornent la place du triforium du chœur (œuvre de M. Andrieux, élève de Delacroix); la remarquable décoration de la chapelle de N.-D. de Pitié due au talent de M. Jaffard (1); puis les vitraux que l'on voit aujourd'hui, doivent trouver place dans cette énumération. Ces derniers composés de médaillons circulaires disposés sur fond mosaïque en grisaille et entourés de bordures polychromes dans le style roman, sortent des ateliers du Carmel du Mans (2). Ils ont été placés depuis peu, du reste les dates ainsi que le nom des donataires sont indiqués au bas de chaque scène tirée de la vie de la Vierge.

En sortant de cette antique église, l'artiste ne saurait demeurer indifférent à la vue du gros œuvre qui a été construit avec soin, c'est qu'en effet les *moulures* et les *modillons extérieurs* des chapelles révèlent un travail vraiment achevé.

Souvenirs historiques. — Le Musée archéologique renferme un tombeau en pierre calcaire, trouvé près de l'église du Pré (n° 217 du Catalogue).

Sortons par la porte principale, et tournons à droite, après avoir longé le square qui entoure le monument, nous nous trouvons

RUE DES NOYERS

(QUARTIER DU PRÉ)

Cette voie, dit M. Legeay, cotoyait autrefois les murs de

(1) Élève du célèbre peintre décorateur Cicéri ; né à Bordeaux le 9 septembre 1819, décédé au Mans le 2 juin 1882. En dehors des œuvres importantes que cet artiste a laissées dans notre ville, il faut ajouter l'ornementation qui sertit les tableaux de M. Andrieux, ainsi que celle des autres chapelles qui rayonnent autour de ce sanctuaire.

(2) Ces vastes ateliers, situés *rue de la Mariette*, n° 126, près la route de Paris, remontent à l'année 1853. Depuis cette époque, le savant M. E. Hucher, l'un des directeurs, n'a cessé de diriger l'établissement au point de vue de l'art et de l'archéologie, et l'entreprise a obtenu les premières médailles aux divers concours où ses verrières ont été exposées.

l'ancienne abbaye du Pré. Son nom lui vient de noyers complantés dans le cimetière du Pré et le jardin de l'abbaye. Une maison appelée l'*Ortiouse*, était située dans cette rue et servait de lavanderie à l'abbaye.

Obliquons à gauche et avançons-nous sur le

PONT - YSSOIR (1)

(QUARTIER DE GOURDAINE)

L'auteur des *Rues du Mans*, rappelle que l'on trouve ce nom écrit *Isoard, Ysoard, Issoir, Yssoir, Ysouard*, etc.; suivant une tradition le pont Isoard était autrefois en bois, plus tard on l'appela pont Sainte-Marie, d'un monastère dont il était voisin. En 1691, on bâtit en pierre la première arche de ce pont en place d'un pont-levis qui y existait, et on reconstruisit la porte du pont, placée dans le mur de la seconde enceinte. Ce pont fut réédifié presque à neuf vers 1809 La voie qui part du tunnel et conduit au pont prend le nom de *rue du Pont-Yssoir* (2).

SOUVENIRS HISTORIQUES. — « L'arcade du *pont Ysouard*, le pavillon qui est au-dessus et l'une des tours qui flanquent la porte dudit pont sont démolis, en sorte qu'il n'y a plus de porte et que l'entrée de la ville est toute ouverte. Deux mille livres seraient nécessaires pour remettre les choses en état.

« Depuis la place de ladite tour ruinée jusqu'à la guérite prochaine, il y a deux brèches, etc.

« Et avons donné acte audit procureur du roi de ce que le long de la muraille, à partir du pont Ysouard, il y a quantité de portes dans ladite muraille, et de sa protestation de se pourvoir pour les

---

(1) Au moment où nous écrivons ces lignes, le nouveau pont n'est pas encore achevé ; en attendant qu'il soit livré à la circulation, il faut donc poursuivre jusqu'à la passerelle provisoire jetée à quelques mètres.

(2) Il y a lieu de signaler à cette place un intéressant opuscule de M. F. LEGEAY, extrait de l'*Écho littéraire de l'Ouest*, intitulé : *Les vieux ponts du Mans*. Brochure in-8° de 8 pages.

faire boucher, faute de faire apparoir, par les propriétaires des maisons, de titres valables. » (E. HUCHER, *Etudes sur l'Histoire et les Monuments du département de la Sarthe*, p. 36.)

Parvenu à l'extrémité du pont, il faudra prendre à droite, et cotoyer le

QUAI DE LA RIVE-GAUCHE

(QUARTIERS DE SAINT-BENOIT ET DE GOURDAINE)

Nommé aussi *quai de la Tannerie*, en raison des nombreux établissements de tanneurs fixés entre le pont Perrin et le pont Yssoir.

Depuis la construction du quai, les tanneurs sont installés non loin de l'Asile des aliénés.

Le joli jardin devant lequel il faut passer est public; si par une chaude journée on désire trouver un peu de fraîcheur, il suffit de suivre les verdoyantes allées tracées le long du rivage ombreux de la Sarthe. C'est un endroit heureusement métamorphosé par la suppression des établissements de tanneurs et de ces ruelles malsaines qui bordaient la rivière : les habitants du quartier, voisins de ces logis où l'air et le soleil arrivaient à peine, doivent particulièrement applaudir au sage arrêté pris en 1862 par le conseil municipal, et peuvent sans regrets répéter avec le poète des *Idylles parisiennes* (1).

> Pourquoi vous aimer, ruelles étroites,
> Humbles coins obscurs,
> Rigoles sans jour, qui n'étiez pas droites,
> Angles des grands murs !

La première rue à gauche à l'extrémité de la passerelle métallique est la

---

(1) JEAN LAROCQUE.

RUE DU PONT-PERRIN
(QUARTIER DE LA GALÈRE)

Elle fait suite à la *rue Dorée*, et porte le nom de l'antique pont de pierre démoli il y a trois ans; on l'appelle également *rue du Pont-Saint-Jean*, parce qu'elle conduisait autrefois de la rue Dorée à l'église Saint-Jean.

SOUVENIRS HISTORIQUES. — Après la prise du Mans par les Vendéens, le 10 décembre 1793, ils décident, le 13, de quitter la ville; deux fois, dans la rue du Puits-de-Quatre-Roues, ils font reculer les Républicains ; pendant le combat, la plus grande partie des troupes Vendéennes se retire par l'étroite rue Dorée, le *pont Perrin*, et va gagner la route de Laval.

Aussitôt que les Vendéens eurent abandonné Le Mans, « le plus affreux carnage, dit RENOUARD, ajouta de nouveaux ruisseaux de sang à ceux qui coulaient déjà dans les rues, encombrées de cadavres, de bagages, de voitures et de caissons brisés, malades, blessés, femmes, hommes, tout ce qui n'avait pu suivre la masse, fut immolé à la rage d'une soldatesque qui ne pouvait se rassasier de massacres. »

Lors de la prise du Mans par les Allemands (12 janvier 1871), ceux-ci craignant un retour offensif du général CHANZY, firent des travaux, sur les ponts *Perrin*, *Napoléon*, *Isoard*, afin de les faire sauter.

La voie qui s'ouvre à notre gauche, est une des plus curieuses à visiter pour l'antiquaire: elle s'étend parallèlement au cours de la Sarthe et longe une partie des murailles de l'ancienne cité, c'est la

RUE PORTE-SAINTE-ANNE
(QUARTIER DE SAINT-BENOIT)

Nom d'une porte de ville abattue depuis 1700, appelée encore *portail de la rue de la Tannerie*; nous en préciserons l'emplacement tout à l'heure.

Avant d'aller plus loin, prendre à droite la

RUE SAINT-BENOIT

Ainsi désignée à cause de l'église paroissiale qui porte ce nom. Elle a été appelée *rue de la Paillette* et *rue de la Révolution* sous le gouvernement républicain. Bien que fort simple et dépourvue d'élégance on ne saurait se dispenser de visiter l'église et signaler que sur son emplacement, Hugues, *premier comte héréditaire du Maine*, fit bâtir en 988 une chapelle qu'il dédia à saint André; Hélie de La Flèche, *souverain du Maine* (1090-1100) fit agrandir cette chapelle qui fut depuis érigée en paroisse par l'évêque Hildebert, vers le commencement du xiiᵉ siècle.

L'église d'aujourd'hui, appartient au xviᵉ siècle; elle a deux bas-côtés. Le maître autel, dit l'auteur du *Guide du Touriste au Mans et dans la Sarthe*, se compose d'un tombeau d'autel, orné de fleurons, d'arabesques, de rosaces en style de la Renaissance; au-dessus s'étage un retable corinthien plus récent à quatre colonnes de marbre encadrant une niche. Au centre, on voit un groupe de la *Nativité*, probablement en terre cuite.

Près de la chaire à prêcher, une travée voûtée, datant de 1525 environ, s'ouvre sur la grande nef par une arcade dont les pilastres sont décorés d'arabesques et d'écussons attribués au chanoine Du Gué. Le bas-côté conserve plusieurs *épitaphes* dont quelques unes en vieux français rimé. (Se reporter à l'*Essai sur les Sépultures du Mans et de ses environs*, par M. Etoc-Demazy.)

Il y a dans l'église un tableau remarquable attribué au Poussin, c'est une *N.-D. de Pitié*. Au bas de cette toile, qui a été momentanément au Musée de peinture, on lit l'inscription ci-dessous, en capitales, laquelle est accompagnée des armoiries des donateurs : *d'azur à trois étoiles d'or.*

EX DONO, IOANNIS. CAROLI RENATI MARGARITÆ, ET MAGDALENÆ FAVRY FRATRUM ET SORORUM. ANNO 1707.

Afin d'éviter de revenir sur nos pas, engageons-nous dans le passage qui s'ouvre là, où se voit une statue de la Vierge abritée dans une niche prise dans l'angle de retour de l'église.

Cet étroit passage se nomme la

RUELLE SAINT-BENOIT

(QUARTIER DE SAINT-BENOIT)

L'accès n'en est pas très facile, il est vrai ; mais c'est encore un coin de la vieille ville qui mérite d'être signalé. Cette ruelle, mal pavée, qui contourne en partie l'église que nous venons de visiter, renferme un groupe de maisons ; elle fut nommée *rue de la Fraternité* sous la Révolution.

Maintenant, nous allons retomber dans la

RUE PORTE-SAINTE-ANNE

(QUARTIER DE SAINT-BENOIT)

Qu'il faudra suivre dans tout son parcours, car si l'on veut se donner la peine de pénétrer dans certaines habitations, cette voie évoquera encore des souvenirs et des impressions qui s'effacent tous les jours.

N° 89. — Maison en bois à un étage. Le montant angulaire à gauche, qui est le mieux conservé, représente une abbesse sculptée tenant dans sa main une crosse ; sur celui opposé, on remarque encore un écusson dont les armoiries sont aujourd'hui si peu apparentes qu'il serait difficile d'en donner la description. Enfin, sur le montant de la porte, à droite, on voit un personnage également sculpté, mais aussi fort mutilé.

Voici le moment de rappeler la place qu'occupait jadis le portail Sainte-Anne. Il prenait d'un côté aux n°s 94-96 (où se trouve une petite statue de sainte Barbe), et de l'autre côté à droite, à la maison

N° 85. — Au fond de la cour, on voit très bien le massif de la *tour de Saint-Pierre-l'Enterré.* Ce massif, ainsi qu'il a été dit précédemment, est aujourd'hui recouvert d'une terrasse dépendant de la maison située *rue du Petit-Saint-Pierre,* n° 9.

N° 83-81. — A l'extrémité de la cour qui se trouve entre les maisons portant ces deux numéros, remarquons, indépendamment du mur romain, une petite voûte (ou plutôt deux) à plein cintre, qui présentent deux archivoltes en briques, la seconde en retraite sur la première. L'ouverture donne issue à l'égoût signalé plus haut, dans la *rue du Petit-Saint-Pierre* (porte Péchanne).

Donnons un coup d'œil à la maison située à notre gauche, au

N° 90. — Elle est à pans de bois, à deux étages et à ressaut. Bien que cette habitation soit aujourd'hui dans un état de délabrement fort apparent, elle a néanmoins encore l'aspect original des constructions du Moyen-Age.

En face, au

N° 77. — Maison également en pans de bois ; certaines pièces ont été chanfrénées avec soin, et les potelets de la fenêtre du premier étage sont sculptés.

N° 75. — Derrière la maison existe une des tours tronquée de l'ancienne cité. La portion comprise dans la largeur de cette habitation est un peu masquée par un petit bâtiment qui abrite un escalier. Les restes de cette tour seront mieux en vue à gauche, c'est-à-dire dans le jardin dépendant de la maison n° 73, où l'on remarque une assez longue ligne de muraille.

Ce massif gallo-romain, que M. l'abbé VOISIN désigne sous le nom de *tour de l'ancien hôtel d'Oigny,* est, comme le précédent, surmonté d'une terrasse que nous avons pu voir, du reste, au n° 24 de la *rue de la Verrerie.* A droite, au pied de ladite tour, existe une source (0^m,40 de profondeur) appelée la *fontaine Sainte-Anne.*

N° **67**. — Le portail présente encore des vestiges assez curieux ; le fût des colonnes, orné de cannelures est brisé en certaines parties ; mais les chapiteaux sculptés méritent qu'on y fasse attention.

Ne négligeons pas de demander à pénétrer dans la cour, car la courtine romaine et ses assises de briques sont bien conservées sur une grande étendue. A gauche du spectateur, c'est la *tour des écoles*, dont il sera question plus bas.

De plus, on pourra reconnaître au-dessus des fenêtres qui appartiennent à la maison voisine les inscriptions ci-dessous reproduites :

au premier étage : MEMETO FINIS. ECCLE ᵉᵗ 36.

au second étage : SAPIECIAO.

N° **65**. — Cette maison a accès dans la vaste cour que nous venons de quitter. Elle contient trois grandes cheminées en pierres, deux au rez-de-chaussée et une au premier étage ; sur le linteau de chacune est sculpté un écusson montrant un sanglier avec trois étoiles. Nous ignorons à quelle famille peuvent appartenir ces armoiries.

N° **63**. — Au fond de la cour s'avance le massif désigné par M. l'abbé Voisin sous le nom de *tour des Écoles* (sans doute à cause du collège établi autrefois à cette place). Ce massif sert actuellement d'atelier ; le sommet est recouvert d'une terrasse faisant partie du jardin de la maison n° 16, *rue de la Verrerie*. On peut observer à cet endroit la construction du mur romain, qui porte les traces de récentes réparations.

Souvenirs historiques. — Au XIIᵉ siècle, il y avait un collège dans la rue de Gourdaine et un autre dans la rue de la Tannerie. Dans une charte de la reine Bérengère, on trouve qu'elle donna au chapitre de Saint-Pierre, l'école des Juifs dont la maison était située au bas du Pont-Neuf, à gauche en descendant. Ce collège était dirigé par les chanoines de Saint-Pierre, qui, dans la suite, le réunirent au collège de la *rue de la Tannerie*.

N° **51.** — Dans la cour, on est en présence de la remarquable *tour du Vivier*, qui porte le même nom que la fontaine voisine.

Quatre zônes de petit appareil, séparées par des rangs de briques, s'étagent au-dessus d'assises formées de gros blocs de pierres. Cette tour *entière* est habitée par la *rue de la Verrerie*, n° 2 bis.

Encore quelques pas, et nous serons en face de l'

ESCALIER DE LA GRANDE-POTERNE
(QUARTIER DE SAINT-BENOIT)

par lequel on gagne la haute ville. Au-dessus du sixième palier apparaissent des assises de gros blocs formant jambages (à droite particulièrement). Ces jambages reçoivent l'archivolte formée de plusieurs rangs concentriques de briques ; toutefois, l'intrados de la voûte accuse visiblement un plein cintre brisé, nouvelle forme donnée par l'ajustement des matériaux divers et d'inégale grosseur, reliés ainsi dans un but de consolidation, sans doute.

Maintenant, arrivons sur la

PLACE SAINT-HILAIRE
(QUARTIER DE GOURDAINE)

Endroit suffisamment dégagé depuis la construction du quai de la rive gauche. Avant, ce n'était qu'un simple carrefour formé par la réunion de la *rue de la Tannerie* et la

RUE SAINT-HILAIRE
(QUARTIER DE GOURDAINE)

Tient ce nom de l'ancienne église paroissiale qui y était située. Elle a été aussi appelée *rue Danse-Renard*, parce qu'on voyait sculpté sur la porte d'une maison un renard dansant devant une poule. En 1793, on la nomma *rue de la Carmagnole*.

Ce n'est pas une des voies les moins intéressantes à parcourir; on y remarque encore deux tours debout. A quelques mètres de la grande poterne qui fixe la limite de cette rue et celle de la *rue Porte-Sainte-Anne*, existait l'église paroissiale (1), située un peu en avant d'une tour qui portait le nom de la rue et de l'église ; le chevet était adossé à la muraille romaine. Cette tour, ainsi que l'église, ont entièrement disparu.

En se plaçant sur la place Saint-Hilaire, en face de la maison

N° 2. — On verra très bien à droite, dans le mur d'enceinte, une rangée d'ardoises en saillie : elles servent à désigner où se trouvait le toit qui terminait l'église ; le presbytère de l'église Saint-Hilaire était au fond du jardin.

N° 10. — Il faut signaler la *tour des Ardents*, très en vue dans la cour. Sa base est revêtue d'un enduit de date récente et l'entrée est, nous l'avons dit plus haut, au n° 10 de la *rue de Vaux*.

N° 18. — Si l'on s'engage dans le corridor qui dépend de cette habitation, on pourra remarquer facilement la *tour de Tucé*, laquelle s'avance jusqu'au mur de séparation commun à la maison voisine. Il est visible que le massif de cette tour et celui de la précédente sont antérieurs à la

---

(1) Elle prit la place d'une petite chapelle que saint Aldric avait fait construire dans le ix⁰ siècle, non loin des murs de l'ancienne cité, pour y déposer le corps de saint Hilaire, mort à Oizé vers le milieu du v⁰ siècle. On arrivait au portail par un escalier suffisamment élevé ; une autre porte se trouvait à gauche. Cette église a été rasée en 1793.

« Le cimetière, clos de murs assez élevés, existait en face, avançant dans la rue, et comme il gênait la circulation, M. DE FROULLAY, en 1736, accorda l'autorisation d'en supprimer une partie, afin de donner plus de largeur à la rue. Dès avant la Révolution, on commençait à porter des morts de Saint-Hilaire au grand cimetière, parce que celui de la paroisse ne suffisait plus aux besoins de la population. » (ETOC-DEMAZY.)

construction de ces deux ouvrages avancés, relevés depuis le XVIᵉ siècle.

Autrefois, dans la rue de la Tannerie, aboutissait une ruelle, dans laquelle au milieu d'habitations basses et obscures était une petite place baptisée sous le nom de *Cour rouge*, sorte de cour des Miracles, où il n'était pas toujours prudent de s'aventurer pour suivre les habitants dans leurs logis ténébreux. Cette ruelle s'ouvrait à côté de la maison qui, actuellement, porte le n° 13.

Depuis les grands travaux que la municipalité a entrepris avant la guerre de 1870, cette cour a été déblayée, et les cabarets et logements visités par cette clientèle spéciale ont également disparu. Aujourd'hui, à cet endroit, existe une très petite rue, désignée sur les plans modernes sous le nom de *rue Saint-Michel*.

Mais ce dernier paragraphe se rapporte au passé, empressons-nous donc de traverser la

RUE DU TUNNEL

(QUARTIER DE SAINT-JULIEN)

Pour constater une amélioration plus récente encore. Malgré les bienfaits qui ont résulté de l'ouverture du *tunnel*, certains antiquaires répéteront peut-être avec M. FREEMANN (1) qu'au lieu de couper en deux la vieille cité, on aurait dû s'inspirer des moyens employés à *Devizes* (petite ville d'Angleterre à 142 k. O. de Londres), où le tunnel passe sous le vieux rempart sans y causer la moindre détérioration.

Nous qui éprouvons un plaisir si vif à étudier les vestiges des temps écoulés, nous déplorons la destruction

---

(1) *La République du Mans au Moyen-Age et les monuments de notre ville.* Article inséré le 2 juillet 1876 dans le journal *l'Union de la Sarthe.*

7

de la vieille muraille qui dominait l'ancien escalier du Tunnel. Mais nous n'hésitons pas à dire que l'hygiène et la facilité de communication des nombreuses populations de ces quartiers doivent primer les intérêts de l'archéologie. Imposons donc silence à nos sentiments personnels d'antiquaire pour approuver hautement les œuvres d'intérêt général sagement conçues et habilement exécutées, et malgré quelques regrets applaudissons au percement du Tunnel.

Cet important travail (œuvre de M. l'ingénieur CAIL-LAUX) a coûté 1.228.500 francs et a été inauguré le 29 septembre 1877.

Après avoir traversé le mur de l'enceinte romaine, qui a 3 mètres d'épaisseur, le tunnel débouche en passant sous les fondations du mur qui supporte la rue du Rempart. Déjà en 1849 le conseil municipal avait voté l'établissement d'un passage direct entre le Pont-Yssoir et la place des Jacobins, en décidant l'ouverture d'une galerie d'exploration dans le massif du terrain à traverser. Ce travail on se le rappelle fut exécuté en 1851, sous la direction de MM. de HENNEZEL et TRIGER, ingénieurs. La galerie, qui avait 1 m. 75 c. de hauteur sur 1 m. 50 c. de largeur et environ 200 mètres de long, a été fermée en 1857.

A la hauteur du premier palier du nouvel escalier, on voit les restes de la *tour du Tunnel* (n° 9 du plan). Sa base se trouve nécessairement dissimulée sous des terres rap- portés, mais dans ce qui existe encore, on reconnaît visible- ment quelques cordons de briques romaines. En 1869 le massif de cette tour portait une habitation. L'inclinaison en talus s'est accentuée davantage, par suite de l'exis- tence d'une source qui se trouvait en cet endroit, par conséquent les dégradations de l'eau auraient déterminé la base à s'affaisser sur elle-même.

Lors du congrès archéologique (mai 1878), la Société française d'archéologie a fixé son attention sur cette tour.

Il lui a semblé avec raison, que quelques soins par-
viendraient à rendre plus perceptibles les mosaïques de
cette curieuse épave du passé. Enfin, qui ne se souvient
avoir remarqué à la dernière exposition régionale qui eut
lieu dans notre ville (1880), *Section rétrospective*, les nombreux et précieux objets des premiers âges découverts par
M. CHAPLAIN-DUPARC, dans les fouilles que ce savant distingué a fait exécuter à ses frais, pendant le percement
du tunnel.

En continuant tout droit, on se trouvera dans une des
plus vieilles rues du Mans, appelée

RUE DE GOURDAINE

(QUARTIER DE GOURDAINE)

PESCHE dit qu'elle a reçu son nom de l'ancien monastère
et de l'église paroissiale qui se trouvaient à son extrémité,
ou plutôt d'un bateau appelé *Gourdaine*, servant alors au
passage de la rivière en ce lieu.

Dans toute la longueur de la rue de Gourdaine, écrit
RENOUARD, il y avait des salles de bains romains publics.
Ces salles voûtées et construites en partie en briques, servent à présent de caves à plusieurs maisons placées au
pied des murs de l'ancienne ville, elles communiquaient
dans l'intérieur par une porte souterraine. On y a trouvé
des monnaies des empereurs romains du IIIᵉ siècle. Des
antiquaires assurent aussi que des salles de bains étaient
situées le long des mêmes remparts, mais à l'intérieur, et,
d'après un registre de la paroisse de Gourdaine, un passage souterrain, non loin de là, aurait été comblé en 1592,
par les ordres du roi.

Les vers suivants du littérateur F. GIRAULT, désignent
clairement par quelle population ce quartier est générale-
ment habité :

Là, dans un air gonflé de miasmes fétides,
L'ignoble courtisane, aux caresses perfides,
Attend à sa fenêtre, et, vendeuse d'amour
Met son corps à l'enchère à chaque instant du jour!.....

Néanmoins, la curiosité ne doit pas se ralentir ; il faut continuer la visite de l'enceinte primitive et entrer bravement dans le corridor de la maison désignée sous le

N° 36. — A cet endroit, on sera en présence de la tour la plus remarquable des vieux remparts romains. Cet ouvrage avancé devant lequel se trouve adossé un appentis, apparaît encore dans sa construction primitive, et cela jusqu'au second étage. Aujourd'hui le premier étage est seulement éclairé par une ouverture à plein cintre ; le second par deux baies, l'une également à plein cintre mais moins large, et celle supérieure plus moderne que le reste de la construction, affecte une forme rectangulaire. Sa base présente un massif plein en talus incliné, et dans l'intervalle des petits cubes qui composent son revêtement, il est facile de compter treize chaînes de briques. C'était, parait-il, un ancien oratoire. L'entrée de cette tour appelée *tour de la Madeleine* (n° 11 du plan), est au n° 25 de la *rue des Chapelains*. Elle a été reproduite dans le Catalogue du Musée archéologique du Mans.

Vis à vis la maison c'est la

PLACE DE L'HOPITEAU

(QUARTIER DE GOURDAINE)

Nom d'un ancien hospice fondé par saint Aldric, dans le XIᵉ siècle, où on recevait les évêques, les comtes, les abbés et les voyageurs.

Malgré la misère qui régnait dans ce coin mal assaini, on ne saurait cacher l'aspect singulier et tout a fait pittoresque que ce passage présentait avant la construction du quai voisin. C'était ce qu'on appelait la *cour de l'Hopiteau*, véritable cité, où des gens indigents, n'avaient pour habitation que des masures faites de platras ou de matériaux impossibles à décrire, et séparées par des ruelles sombres et humides. La fontaine dite de l'Hôpiteau existe encore à côté.

Souvenirs historiques. — Le Musée de la préfecture possède un tableau de M. Crinier (1) qui reproduit très fidèlement cette ancienne cour, dont la démolition a été commencée en 1869.

Continuons nos explorations dans la

RUE DE GOURDAINE

(QUARTIER DE GOURDAINE)

N° 50. — Il est facile de reconnaître la base de la *tour des Pans-de-Gorron* (n° 12 du plan). Ainsi que son nom l'indique, c'est une construction à pans coupés de forme hexagonale. La hauteur du massif est aujourd'hui d'environ 5 m. 40 c.

A l'extrémité de la rue, mais du côté opposé, au

N° 33. — Grande habitation construite vers la moitié du siècle dernier. L'évêque constitutionnel Prudhomme de la Boussinière y mourut le 9 février 1812.

Souvenirs historiques. — En reconstruisant la maison située en face au n° 4, on trouva (juin 1878) un sarcophage en pierre qui, d'après les inscriptions reconnues, devait recéler le corps d'une recluse nommée Ermecia et celui d'un tailleur de pierre du nom de Leperier. Ce curieux tombeau du xiiᵉ siècle, est déposé au *Musée d'archéologie*. (Voir t. V, p. 150 de la *Revue historique et archéologique du Maine*, un mémoire de M. E. Hucher, relatif à cette découverte).

---

(1) Georges Crinier, né au Mans le 19 germinal an XI, décédé dans cette ville le 22 février 1882. Cet artiste a exposé plusieurs tableaux au Salon de Paris et publié divers articles critiques sur la peinture et la musique.

En consultant le plan annexé, on verra que l'on n'est pas très éloigné de la dernière tour dépendant de la ligne des remparts parallèle à la rivière. On ne saurait donc éviter quelques pas, pour constater les restes de cette tour appelée par M. l'abbé Voisin *tour de l'Angle septentrional* (n° 14 du plan), et que M. E. Hucher désigne sous le nom de *Tour du Lierre*, appellation également fort juste, puisque la plante toujours verte, tapisse depuis de longues années l'énorme massif et la muraille qui coupe en ligne droite la colline. (La base seule de cette muraille appartient à l'époque gallo-romaine).

Enfin, tout en face cette tour d'angle, il sera facile de se rendre compte de la place qu'occupait autrefois la *porte Samson*.

Souvenirs historiques. — M. l'abbé Mathieu Chesneau de Montgont, chanoine de la Cathédrale, fit déblayer en 1739, les terres du cimetière de Gourdaine et établir une communication de l'ancienne église à l'extérieur de la ville. En 1745, l'Hôtel de ville fit construire un cintre en roussard dans cette ouverture et placer au-dessus une table de marbre sur laquelle fût gravée l'inscription PORTE SAMSON avec les armes de la ville et celles de M. Samson de Lorchère, alors lieutenant général à la sénéchaussée et subdélégué de l'intendant, qui, ayant reçu du roi quatre mille livres à employer en travaux publics pour le soulagement des pauvres, les avait fait affectés à l'entreprise de M. de Montgont, dont la nouvelle rue porta le nom.

Cette porte a été détruite il y a environ soixante ans. (Pesche, *Dictionnaire statistique de la Sarthe*, t. II, p. 512.)

Revenons maintenant vers la *rue de Gourdaine*, jusqu'à la voie qui se trouve à gauche, c'est la

RUE DES PANS-DE-GORRON
(QUARTIER DE SAINT-JULIEN)

Au bas de l'escalier existait une porte de ville dite de *Gorron*, parce qu'elle était dans la direction de cette ville du *Bas-Maine* (Mayenne), le mot *pans* qui précède la dénomination de la rue, vient de pente. Il est du reste parfaitement visible qu'en cet endroit, le terrain est fort incliné.

N° 6. — C'est dans le jardin de la maison, que se trouvait une partie de l'église paroissiale de N.-D. de Gourdaine et le cimetière qui s'étendait vers les maisons environnantes. Indépendamment d'une portion du mur d'enceinte, il reste encore dans le jardin deux contreforts en maçonnerie d'une épaisseur de 2 m. 40 environ, et distants l'un de l'autre de 8 mètres. Ils marquent la place du chevet de cette ancienne église (1).

Un peu plus haut à droite, entre les nᵒˢ 3 et 5, on distingue très bien une épaisse amorce du vieux rempart dans lequel s'ouvrait la *poterne de Gourdaine* ; la porte qui fermait cette poterne a été abattue vers 1818.

Il faut alors gravir l'

ESCALIER DES PANS-DE-GORRON

(QUARTIER DE GOURDAINE)

Passage qui n'a pas toujours été d'un aussi facile accès. Il ne faudrait pas donner crédit à la version racontée par l'auteur de la *Dame au collier rouge,* sur l'origine du nom

---

(1) Elle remplaça un monastère-hospice fondé par sainte Trénestine, sous le pontificat de saint Innocent (515-560). Les Normands le détruisirent dans l'année 873, puis une église le remplaça. Reconstruite ou réparée en 1525, elle fut consacrée par M. DE CHAUVIGNÉ, évêque de *Léon.* On reconstruisit en 1771, à partir des fondements, le pignon d'une des chapelles, et l'église fut entièrement démolie en 1793. Le cimetière l'entourait de trois côtés. On en supprima une portion lors de l'ouverture de la *porte Samson,* en 1739. La clôture consistait dans un mur de deux mètres de hauteur et dans deux portes, l'une située vis à vis de l'entrée principale de l'église, au couchant ; l'autre donnant sur la rue Montgont. Il a été fermé au mois de mai 1791, et, depuis, on y a construit plusieurs maisons.

de cette brèche. Ce romancier dit quelque part, que le chevalier GORRON descendit à cheval l'escalier bizarre, inégal, en partie taillé dans le roc, et auquel il donna son nom; il n'en est rien, l'étymologie de cette voie accessible aux piétons seulement, doit se rapporter à celle donnée pour la rue.

Au sommet de l'escalier nous nous trouverons sur le

PARVIS SAINT-JULIEN

(QUARTIER DE SAINT-JULIEN)

On ne peut manquer d'y apercevoir l'énorme *peulvan* adossé à l'extérieur de la nef de la Cathédrale, cette pierre de forme conique, sensiblement aplatie sur ses faces, a 4 mètres 55 de hauteur et 1 mètre 30 de largeur à sa base. Est-ce vraiment un monument celtique, ou plutôt une *pierre fiche* plantée pour borner les lieux de dépendances des comtes du Maine?

Mais ce qui n'est pas aussi visible, c'est ce que les vieux manceaux appellent la *boule aux rats*. Ce morceau de sculpture assez fantasque et qu'on n'oublie pas de signaler aux étrangers, est à la droite du troisième contrefort en partant du *peulvan*; il fait voir plusieurs rats qui sortent et entrent dans une boule surmontée d'une petite croix.

SOUVENIRS HISTORIQUES. — Deux autres pierres plates, pierres posées, pierres *Olet* et *Aulart*, et que l'on appelait vulgairement *pierres au lait,* parce que dit-on les laitières y posaient leurs vases, y existaient jusqu'en 1770; c'est sur ces pierres, superposées sur d'autres probablement, comme tous les *dolmens,* que le comte DE SUFFOLCK, *général anglais,* fit trancher la tête en 1246, à un certain nombre d'habitants du Mans, qui avaient livré la ville à AMBROISE DE LORÉ et forcé les Anglais à se retirer dans le château.

Sur une rarissime pièce, réimprimée à Lyon en 1875, nous détachons le fait historique suivant :

« Le premier dimanche du mois d'octobre mil six cent-neuf, il s'est faict un massacre par une femme du Mans, laquelle a misérablement couppé la gorge à deux de ses enfans, pour luy avoir seulement demandé du pain. La plus grande estoit aagée environ de cinq ou six ans, et la petite de trois ans. La justice commanda qu'on la mist en prison, et son procès faict, elle fut condamnée à faire amende honorable la torche au poing pesant deux livres, à avoir les mammelles tenaillées, et le poing coupé qui avoit faict le massacre et a estre bruslée dans la ville du Mans en la *place au laict* devant Saint-Julien. »

Pénétrons dans la basilique par la petite porte gauche du portail principal, dont le style présente si bien les caracres du roman secondaire. Nous ne saurions donner une description complète de ce magnifique vaisseau, le plus vaste et le plus important du département ; il mériterait cependant qu'un volume tout entier lui fût consacré, si déjà dans ses *Recherches sur la Cathédrale du Mans* (1 vol. in-8 de 288 p.), M. PERSIGAN ne s'était chargé de ce laborieux travail.

Nous empruntons à M. EDOM (*Géographie de la Sarthe*, édition de 1880) la description abrégée qu'il donne de cet édifice dont un remarquable *Jubé* (1) et beaucoup d'autres monuments et objets précieux ont disparu au cours du siècle dernier.

« L'histoire nous apprend combien de fois la guerre, l'incendie et d'autres désastres ruinèrent la modeste basilique fondée par saint Julien. Mais la science archéologique de nos jours nous fait suivre, au Moyen-Age, la marche progressive des constructions qui ont amené ce monument à l'état de splendeur où il se montre à nos regards. Les bas-côtés ou latéraux sont, du xiᵉ *siècle*, la grande nef du xiiᵉ *siècle*. Elle offre une rare perfection et

---

(1) *Le jubé du cardinal de Luxembourg, à l'entrée du chœur de la cathédrale du Mans*. Huit planches lithographiées et quatre feuilles de texte, par M. E. HUCHER.

un progrès sensible dans l'exhaussement du milieu du
plein cintre; c'est la transition du style roman au style
ogival qui brille dans le chœur, tout entier du XIIIᵉ *siècle*.
Le bras méridional du transept est du XIVᵉ *siècle* et le côté
septentrional du XVᵉ *siècle*. Mais comment harmoniser avec
la nef un chœur comme celui de Saint-Julien ? L'architecte
y est parvenu à force d'art et de génie. Il a déployé autour
de ce chœur deux latéraux de hauteur inégale, descendant jusqu'à la naissance d'une ceinture de treize chapelles,
ayant 7 mètres de profondeur. Ces chapelles correspon-
dent à un même nombre d'arcades formant l'enceinte du
chœur et des latéraux. Les arcades sont surmontées de
magnifiques vitraux peints. Ainsi le chœur, depuis son
sommet jusqu'au niveau du maître-autel, reçoit la lumière
de 109 fenêtres qui rayonnent à trois étages autour du
sanctuaire. Et, quand on considère la hardiesse de la voûte
centrale, élevée à 34 mètres, la légèreté élégante des
colonnes qui la soutiennent, la riche variété des piliers
qui s'épanouissent en gerbes de nervures et d'arceaux
sous les voûtes secondaires, on trouve là une des plus
étonnantes merveilles du Moyen-Age. La chapelle du
chevet présente 13 mètres de profondeur, 4 travées et
11 fenêtres; c'est la seule qui ait conservé des vitraux
peints, après les ravages des Protestants en 1562. Ils sont
d'époques diverses et l'obscurité qu'ils répandent dans ce
sanctuaire laisse peu apercevoir d'autres peintures qui
ornent la voûte et les murs. Elles furent découvertes sous
un épais badigeon, en 1842 par M. l'architecte Delarue;
on les croit de la fin du XIVᵉ siècle (1). Un essai récent de
dallage à dessins incrustés noir sur blanc, achève de don-

(1) Voir *Notes sur les peintures murales de la chapelle de la Vierge,
à Saint-Julien du Mans, et sur l'Histoire de la peinture au Moyen-Age,*
par M. Ad. D'Epaulard. Brochure grand in-8°, de 85 pages. Le Mans,
1858, Monnoyer. — Le *Musée de la Préfecture* a acquis en 1863, à la

ner à cette jolie chapelle un caractère gracieux d'élégance
et de bon goût. La chapelle des fonts baptismaux, qui
s'ouvre à l'extrémité du bras septentrional du transept,
renferme le mausolée de GUILLAUME LANGEAY DU BELLAY,
lieutenant du roi FRANÇOIS Iᵉʳ et vice-roi du Piémont; ce
beau monument dû au ciseau GERMAIN PILON, fût élevé par
JEAN DU BELLAY, évêque du Mans, à la mémoire de son
frère aîné, mort en 1543. Le tombeau placé en face, dans
la même chapelle, est celui de CHARLES IV d'*Anjou*, comte
du Maine (1). La *chapelle Saint-Pierre*, qui touche à l'autre
bras du transept, est occupée en grande partie, par la
scène de la sépulture du Sauveur (2). Ce groupe en terre
cuite, brisé le 2 juin 1869 par un fou furieux, a été restauré avec un grand succès par M. GAULLIER.

Lorsqu'on entre dans le transept par la porte placée
sous les orgues, on est frappé de l'aspect de cette belle
rose (3) qui remplit le grand vitrail (élevé vers 1430). Vu
de près, le dessin des nombreux personnages historiques
qui la remplissent est bien plus parfait que celui des
vitraux du chœur (4), mais quelle différence de coloris et

---

vente de M. D'ESPAULARD, une aquarelle de M. CHATEL, artiste né à
La Suze (Sarthe), reproduisant les peintures apparentes au plafond de la
dite chapelle.

(1) *Le tombeau de Charles d'Anjou, comte du Maine, à la cathédrale
du Mans, et le sculpteur Francesco Laurena*, par HENRI CHARDON. Le
Mans, imprimerie de *l'Union de la Sarthe*. Brochure in-8° de 23 pages,
avec 2 photographies.

(2) *Le Sépulcre de la cathédrale du Mans et les Iconoclastes*, par
HENRI CHARDON. — Le Mans, Ed. Monnoyer, 1869. Brochure in-8° de
35 pages.

(3) *Etudes artistiques et archéologiques sur le vitrail de la rose de
la cathédrale du Mans*, par E. HUCHER. — Le Mans, Monnoyer, 1855.
Broch. in-8° de 29 pages.

(4) *Calques des vitraux points de la cathédrale du Mans*, par
E. HUCHER. 100 planches format grand-colombier et petite édition de
20 planches.

d'effet! Six autres fenêtres colossales se partagent l'étendue des murs. Cet ensemble est grandiose; mais on sent que l'art si pur du xiii° siècle est sorti de ses limites. Le tombeau voisin des *grandes orgues* (avec ses admirables *culs de lampe*) est celui de la reine BÉRENGÈRE (1); le second, placé de la même manière dans l'autre bras de ce transept (2) a été élevé à la mémoire de Mgr BOUVIER, évêque du Mans (3) décédé à Rome, au palais Quirinal, le 29 décembre 1854. La *grande verrière* située au bas de la nef, présente la *légende de saint Julien*, en vingt et un médaillons, dix sont anciens (4). Cette restauration fut

---

(1) Voir à la page 51 de l'*Essai sur les Sépultures du Mans et de ses environs*, la description de ce tombeau.

Ne paraît-il pas nécessaire qu'une grille protectrice fut placée autour de cet intéressant tombeau, afin de le préserver des mutilations auxquelles il se trouve exposé par le contact des chaises, les jours de fête surtout.

Voici quelques vers qu'EUGÈNE DE PRADEL, le célèbre improvisateur français, a consacrés à BÉRENGÈRE, lors de son passage au Mans, en 1838 :

      « Du fier Richard, la veuve délaissée,
      « Que les saints lieux ont vu prier, souffrir,
      « Tournant au ciel sa pieuse pensée,
      « Loin des grandeurs, ici voulut mourir.
      « Que du cercueil la planche soit légère.
      « A ces débris de royaux ossements !...
      « Pour le tombeau que choisit Bérengère,
      « On doit garder le souvenir du Mans. »

(2) *Le transept septentrional de la cathédrale du Mans.* — Architectes et bienfaiteurs (1393-1430), par l'abbé GUSTAVE ESNAULT. — Le Mans, Ed. Monnoyer, 1879. Brochure in-8° de 22 pages, accompagnée d'un plan.

(3) JEAN-BAPTISTE BOUVIER, fils d'un charpentier, naquit le 17 janvier 1783, à Saint-Charles-la-Forêt (Mayenne). Le tombeau, fort critiqué par M. D'ESPAULARD, est l'œuvre du sculpteur LOUIS CHENILLON, né au Lude, dit-on. Cet artiste est mort à Paris, le 20 octobre 1875.

(4) *Restauration d'une verrière dans la cathédrale du Mans, offrant la légende de saint Julien*, par Ch. RICHELET. — Le Mans, 1841. Brochure in-8° de 15 pages.

faite en 1841, sous la direction de M. DELARUE, par M. FIALEIX, peintre de la manufacture de Sèvres. »

	long.		larg.		haut.	
Chœur	84ᵐ »	—	13ᵐ »	—	34ᵐ 20	
Premier bas-côté. .	46 »	—	6 »	—	21 »	—
Deuxième bas-côté .	46 »	—	6 »	—	10 25	—
Chapelle de la Vierge.	16 »	—	5 90	—	9 90	—
Transept	53 »	—	10 »	—	34 20	—
Nef.	56 50	—	12 »	—	22 40	—
Bas-côtés	56 50	—	6 »	—	8 67	—
Depuis le portail de la nef jusqu'à l'extrémité de la chapelle du Chevet .	130 »	—	» »	—	» »	—
La tour jusqu'à la balustrade. . . .	» »	—	» »	—	51 »	—
La tour jusqu'au sommet.	» »	—	» »	—	76 16	—

Il faut revenir vers la petite porte qui s'ouvre dans un des bas-côtés, pour se trouver sur la

PLACE DU CHATEAU

(QUARTIER DE SAINT-JULIEN)

Tout en face, examiner la maison.

N° 1. — C'est aujourd'hui le siège de la *Société historique et archéologique du Maine,* fondée en 1875. Cette construction remarquable par sa belle ordonnance a été terminée en 1542; jadis elle servait principalement d'infirmerie aux chanoines malades et aussi de lieu de repos aux ecclésiastiques fatigués par la longueur du chemin qu'ils avaient à faire pour assister aux offices. Deux hautes tourelles à pans desservent cette double habitation, dont presque tous les pieds-droits des ouvertures sont ornés de sculptures représentant des suites de triangles et des demi-cercles renfermant un petit ornement.

Une description très complète en a été donnée par
M. d'Espaulart (*Note sur le Grabatoire*, broch. grand in-8
de 16 p.). Voir également p. 132 des *Archives historiques de
la Sarthe*.

Il y a quelque temps, la ville avait songé acquérir cet
hôtel, pour y installer le *Musée des monuments historiques*,
si mal disposé dans les soubassements de notre théâtre.

SOUVENIRS HISTORIQUES. — Le Grabatoire était l'ancien nº de
ville 223 occupé en 1776 par M. l'abbé DE LA BRIFFE, *chanoine de
Saint-Julien*, et M. DE MARIDOR.

Nº 3. — Maison dite du *Pélerin* et comme la précédente
du xvie siècle. Ce surnom lui a été donné en raison d'une
série de coquilles posées sur les rampants du toit. La partie supérieure du linteau de la fenêtre qui donne sur la
place, est aussi chargée d'une rangée de coquilles; une
sorte de fronton formé de deux cornes d'abondance très
allongées couronne la fenêtre, et l'ornementation des
pilastres se compose d'arabesques simulant de petits vases
superposés. La lucarne en retour est accompagnée de
bouquets de fruits et son gable accosté de deux chiens
sculptés.

Nº 5. — Derrière le pignon, s'élève la *tour du Cavalier*
(nº 15 du plan). Cette tour du Moyen-Age a conservé trois
étages; de la petite terrasse établie à la hauteur du rez-de-
chaussée, l'œil embrasse une vue magnifique en suivant
le cours tranquille de la Sarthe, qui borde le vieux quartier du Pré. L'étroit escalier d'habitation de la tour est
aujourd'hui partie en pierre, partie en bois.

D'après M. Voisin, cette tour aurait englobé le noyau
d'une tour romaine, dont le revêtement daterait de
l'époque de GUILLAUME LE CONQUÉRANT ou de son fils. Dans
l'opinion de M. l'abbé Robert CHARLES, ce parement ne peut
être attribué aux constructions du xie siècle, qui, dans la
Sarthe, n'ont pas encore abandonné le système du petit

appareil. Il nous faut reculer jusqu'au xive siècle, au plutôt la date de la *tour du Cavalier*.

Cette grande propriété qui s'étend jusqu'à la rue d'Enfer contient les restes de la *tour de l'Angle septentrional*, ainsi que la muraille qui unit ce massif à la *tour du Cavalier*. (Il en a déjà été dit quelques mots au passage : *rue de Gourdaine*.)

Nous avons pu observer de près, dans le jardin étagé si agréablement sur le flanc du coteau, l'endroit où se trouvait une porte monumentale qui correspondait à l'axe de la *rue des Chapelains*. Les ruines de cette porte, dont la découverte appartient à M. Bouet, ont été reproduites par cet habile dessinateur et font l'objet d'une planche spéciale annexée à la description de *l'enceinte gallo-romaine du Mans*, par M. l'abbé Robert Charles. (Voir t. IX de la *Revue historique et archéologique du Maine*.)

C'est de cette savante et consciencieuse étude que nous détachons les passages suivants :

« Au-delà, l'antique rempart disparaît. Il a subi un changement de direction lorsque les fortifications du château et de l'évêché englobèrent, en les dépassant, les murs primitifs (1417-1421). Auprès de la *tour du Cavalier* s'ouvrait une des portes principales de la cité, appelée d'abord *porte du Nord*, puis aussi *porte de la Tour* par l'enquête de 1245, du voisinage de la tour royale ou *Orbrindelle*, œuvre de Guillaume le Conquérant. Il ne reste pas un vestige de la *porte du Nord* ; nous savons seulement qu'elle correspondait au grand axe de la cité, soit à la Grande-Rue, soit à la rue des Chanoines.

Les fouilles exécutées en 1860, sous la direction de MM. E. Hucher et Ad. Espaulart, dans le but de fixer avec exactitude l'emplacement de la *tour Orbrindelle*, ont mis à nu le rempart romain. Elles ont permis de constater que le mur romain décrivait une légère inflexion de la *tour du Cavalier* à la *tour de la Psallette*, en passant sous la place du Château ; et, en outre, que le donjon royal, si célèbre par les chroniqueurs manceaux et anglo-normands, s'était élevé à la place d'une tour (n° 16 du plan) de l'ancienne enceinte romaine. »

On lira avec intérêt une note de M. ANJUBAULT, insérée à la page 309 du t. XXIV des comptes rendus des *Congrès archéologiques de France.*

Longeons les murs de la nef de la Cathédrale jusqu'au transept nord, le portail qui se présente est l'entrée de la Psallette. A gauche, dans le pignon d'une construction du siècle dernier, on voit les restes intéressants de colonnes avec chapiteaux du XIIᵉ siècle, ainsi que les vestiges d'une rangée de huit arcatures à plein cintre. (Ces motifs d'architecture dépendaient de l'ancien palais épiscopal transféré en cet endroit par l'évêque HILDEBERT.) A droite, grande et belle porte gothique qui servait à communiquer avec l'évêché.

Demandons à pénétrer dans la cour, si nous désirons reconnaître la *tour de la Psallette* (n° 18 du plan). Elle se voit derrière une petite galerie, dont les débris ne manquent pas d'intérêt. La partie supérieure de cette tour est remarquable par la disposition des pierres de petit appareil qui forment son revêtement. (M. BOUET en a aussi donné un dessin très fidèle dans la description de *l'enceinte gallo-romaine*).

SOUVENIRS HISTORIQUES. — On a trouvé dans les fondations du château du Mans, un manche de couteau en os avec ornementations à œils de perdrix (XIᵉ ou XIIᵉ siècle); la lame est aussi en os. Cet objet est déposé au *Musée des monuments historiques* (n° 444 du Catalogue).

On y voit également six boulets de pierre provenant de fouilles faites sur la place du Château (n° 471 du Catalogue).

Après cette visite, prendre la voie qui s'ouvre devant la place, c'est la

RUE DU CHATEAU
(QUARTIER DE SAINT-JULIEN)

A droite de l'observateur, se dressent les ruines de la *tour Margot* (n° 17 du plan), avec son revêtement du xvᵉ siècle. Elle était attenante à l'*enceinte* ou *quartier du Château*, et « recouvrait, dit M. l'abbé VOISIN, un souterrain voûté que l'histoire et la tradition locale n'ont point oublié. Les amorces jointoyées restent visibles, et l'intérieur de la muraille auprès montrent un autre passage moins travaillé ; s'il y eut une autre porte tout à côté de la tour, à coup sûr ce fût l'entrée du château seulement, mais non la porte de la cité ; car ce qui reste de la muraille antique en cet endroit le prouverait parfaitement au besoin. »

Pour arriver plus promptement au terme de notre promenade, il serait nécessaire de descendre dans toute sa longueur la *rue de l'Evêché*, mais alors nous laisserions de côté les nouveaux et importants bâtiments du Lycée, dont la chapelle récemment restaurée n'était autre que l'ancienne *église paroissiale de Saint-Ouen-des-Fossés*.

Auparavant, il faut franchir le haut de la

RUE DE L'ÉVÊCHÉ
(QUARTIER DE SAINT-JULIEN)

Nommée aussi *rue de l'Ancien-Evêché*, parce qu'elle a été ouverte sur une portion de terrain de l'ancien palais épiscopal.

Tournons de suite à gauche, afin d'arriver sur la

PLACE SAINT-VINCENT
(QUARTIER DE SAINT-VINCENT)

Sur laquelle nous ne ferons que passer, ainsi que dans le bas de la

8

RUE SAINT-VINCENT

(QUARTIER DE SAINT-VINCENT)

Qui porte le nom d'une église paroissiale située autrefois au sommet de cette voie, appelée *rue de la Montagne* pendant la Révolution.

S'il fallait pénétrer plus avant, soit dans cette rue, ou bien dans celles qui précèdent, nous aurions sujet de rapporter certains faits historiques qui ne sont pas dénués d'intérêt, mais l'itinéraire ne nous permet pas de les parcourir suffisamment pour qu'il y ait lieu de s'étendre davantage.

Néanmoins, nous pourrions bien rappeler que c'était au n° 17 où se trouvait l'*Auberge de l'Écu de France*, maison réunissant tous les cavaliers qui prenaient part à la *Course des lances*, le jour des Rameaux.

On voit au *Musée archéologique*, un gros boulet en pierre, qui formait borne à l'entrée de cette ancienne auberge. (N° 469 *du Catalogue*).

Descendons à droite la

RUE SAINT-OUEN

(QUARTIER DU LYCÉE)

Appelée anciennement *rue Saint-Ouen-des-Fossés* attendu qu'il existait jadis des fossés qui défendaient les murs d'enceinte de la ville et du château ; puis, aussi, *rue de l'Oratoire*, pour rappeler que les vieux bâtiments du lycée actuel, qui servaient de *séminaire-collège* au XVIIe siècle, étaient alors dirigés par des *Oratoriens*, dont l'ordre subsista jusqu'à la Révolution.

L'église fut rebâtie en 1675, l'ancien corps de logis en 1687, et le grand bâtiment où se trouvent la salle des actes et les classes a été élevé en 1751.

C'était, à l'origine, un hospice pour les pèlerins et les

malades, fondé au viii° siècle par HERLEMOND I°ʳ, évêque
du Mans, et ce ne fut que longtemps après que l'on érigea
la chapelle en paroisse. (Vers le xii° siècle.)

Cette chapelle n'est ouverte au public qu'au moment des
offices.

L'édifice en forme de croix latine est plafonné en bois.
La surface intérieure des murs est garnie de pilastres
surmontés de chapiteaux corinthiens avec frise et entablement sculptés faisant le pourtour de la chapelle.

Le chœur est garni d'un grand et joli baldaquin en
pierre, supporté par six colonnes torses en marbre noir ;
au fond est placé l'autel. Le jour pénètre par quatre
ouvertures semi-circulaires ; une petite balustrade formée
de colonnes, également en marbre, ferme l'entrée du
sanctuaire. Sous le chœur est un caveau où les Pères
oratoriens recevaient la sépulture.

Le transept renferme deux petits autels. Dans cette partie de la chapelle, spécialement réservée, ainsi que le chœur,
pour les élèves de l'établissement ; le sol a été exhaussé.

La nef est éclairée par six fenêtres également cintrées ;
sa longueur mesure 30 mètres, et sa largeur est la même
que celle du transept, c'est-à-dire 9 mètres. Au bas, tribune où se trouve un buffet d'orgue ; cette tribune est
munie d'une balustrade en pierre, et le devant des arcades
décoré de sculptures.

Enfin, la porte d'entrée mérite elle-même l'attention
par ses ornements caractéristiques du style qui a succédé
immédiatement à la Renaissance. Ainsi, chacun des bat-
tants séparés par une grosse moulure comprend plusieurs
panneaux rectangulaires : au centre existent deux petits
panneaux carrés, qui, ainsi que ceux placés à la partie supérieure sont remplis de sculptures symboliques.
Cette porte est surmontée d'une imposte sur laquelle le
bon pasteur est figuré au milieu des attributs qui lui sont
familiers.

ÉPIGRAPHIE

Voici les inscriptions qui se trouvent sur deux plaques en marbre, scellées de chaque côté de l'entrée du chœur :

ANNO CHRISTI 1688 DIE MENSIS LVDOVICVS DELAVERGNE-MONTENAR DE TRESSAN EPISCOPVS CENOMANENSIS REGI A SANCTORIDVS CONSILIIS PHILIPPO FRATRI REGIS VNICO PRIMVS AB ELEEMOSYNIS HANC CENOMANENSIS SEMINARII ECCLESIAM MVLTIS DONATAM SVIS CLERIQVE SVI BENEFICIIS SVB DIVI AVDOENI NOMINE ET PATROCINIO ET SVB PATRVM ORATORII TITVLO & MODERAMINE CONSECRAVIT	ANNO CHRISTI 1611 DIE 11 NOVEMBRIS PETRVS DE BERVLLE S. R. E. PRESBYTER CARDINALIS IN FRANCIA CONGREGATIONEM PRESBYTERORVM ORATORII DOMINI JESVS FVNDAVIT ANNO 1624 MENSE SEPTEMBRI PRESBITEROS SVOS MISIT VT SEMINARIVM CENOMANENSE ANNO 1699 A CLAVDIO D'ANGENNES EPISCOPO COEPTVM HABERENT ET REGERENT ANNO 1629 DIE 2 OCTO^{bris} CVM PIETATIS LAVDE ET SANCTITATIS FAMA AD ALTARE OBIIT

Épitaphes gravées sur deux dalles situées : la première au milieu de la croix du transept, la seconde dans un des côtés de la nef :

> **ARMES**
> Écartelé d'or et de gueules, à un lion aussi écartelé de l'un à l'autre.
>
> CY GIST LE CORPS DE MESSIRE ALEXANDRE PAUL LOUIS FRANÇOIS DE SAMSON CHEVALIER SEIGNEUR DE LORCHÈRE, CONSEILLER DU ROI, LIEUTENANT GÉNÉRAL EN LA SÉNÉCHAUSSÉE ET SIÈGE PRÉSIDIAL DU MANS, MAIRE PERPÉTUEL ET CONSERVATEUR DES PRIVILÈGES DE LA VILLE DÉCÉDÉ LE 20 JUIN 1784
> *Anima ejus requiescat in pace*
> *Amen.*

> CI GIT LE CORPS DE DIGNE ET VERTUEUSE DAME MARIE JEANNE PERRINE MESLIER EN SON VIVANT ÉPOUSE DE Me Mre LOUIS JACQUES DE BLANCHARDON CON^er DU ROY MAITRE DES EAUX ET FORÊTS DU PAYS ET CONTÉ DU MAINE AÛ MANS LAQUELLE EST DÉCÉDÉE LE 10 X^bre 1771 AGÊE DE 32 ANS
> PRIEZ DIEU POUR ELLE.

SOUVENIRS HISTORIQUES. — Un singulier usage était établi autrefois dans cette maison : à leur entrée solennelle, les évêques du Mans étaient portés de l'église de l'Oratoire à la Cathédrale sur les épaules de quatre barons de la province.

En 1793, lors de la déroute des Vendéens, plus de six cents de ces malheureux, hommes, femmes et enfants furent enfermés dans ces divers bâtiments. Depuis, ce monument est devenu école centrale, puis collège communal, en 1809, et enfin en 1861, lycée impérial.

Lorsqu'on baissa le terrain situé en face de l'église et de la cour d'honneur, en 1813, on rencontra un grand nombre d'ossements : on pense que ce fut le premier cimetière. Un autre de 15 mètres de long et de même largeur, lui fut substitué, lors de la construction de l'église actuelle, et se trouvait attenant à l'aile nord de celle-ci, d'où une porte y conduisait immédiatement : il était entouré de murs des trois autres côtés, et a été converti en jardin. Les morts de la paroisse, depuis la suppression de ce dernier, étaient inhumés au Grand-Cimetière.

En 1848, on a découvert dans le jardin du lycée quinze mille médailles romaines en argent. (Consulter le *Catalogue raisonné des monnaies romaines trouvées dans le jardin du collège du Mans*, par E. Hucher. 1 vol. grand in-8° de 87 p.).

Pendant la guerre de 1870-1871, le lycée fut converti en ambulance, et à l'entrée de l'armée ennemie au Mans, nos blessés furent chassés de cet établissement et remplacés par des blessés allemands qui y restèrent jusqu'au 13 mars 1871.

L'examen terminé, traversons la rue qui fait face, puis parcourons ce jardin artistement dessiné dans un triangle de magnifiques tilleuls ; un remarquable *scaphe* ou *horloge solaire*, construit et offert généreusement à la ville par M. Bollée père, s'y trouve placé depuis 1882, vis à vis la cascade (1).

Après avoir suivi les belles pelouses qui agrémentent

---

(1) Ce jardin, établi lors de l'Exposition de 1880, a succédé à l'emplacement bien connu sous le nom de *Butte-au-canon*, un grand nombre de Vendéens tués au Mans, lors de la reprise de cette ville par les Républicains, les 12 et 13 décembre 1793 furent enterrés près de cet endroit. On estime à deux mille le nombre des cadavres que l'on jeta dans deux fosses larges et profondes.

ce lieu charmant, franchissons le quinconce en passant devant le kiosque (1) et faisons une visite au *Musée des monuments historiques* (2), installé provisoirement dans les soubassements du *théâtre* (3).

Avant de quitter ces superbes promenades plantées en 1794, par l'architecte Bruyère (4), il reste à signaler

---

(1) Construit en 1874 pour la *Musique municipale*, qui y donne des concerts pendant la belle saison. Ce kiosque sert également à abriter les musiques militaires en garnison au Mans.

(2) Il serait vraiment désirable que ce Musée (créé en 1846) ne demeurât pas plus longtemps en cet endroit mal approprié pour recevoir des objets précieux à tous les titres. Il suffit, du reste, de consulter le Catalogue illustré, dressé par M. E. Hucher, pour se convaincre des richesses artistiques qui s'y trouvent renfermées. (Le Musée est ouvert tous les dimanches, de midi à quatre heures ; mais les étrangers peuvent le visiter en semaine, en s'adressant au concierge).

(3) Jusqu'au milieu du XVIII⁵ siècle, Le Mans n'eût pas de théâtre ; on jouait la comédie dans un des vastes appartements d'une maison de la Grande-Rue, lequel ne pouvait contenir que 250 personnes. Vers 1775, M. Chesneau-Desportes organisa une société d'actionnaires pour la création d'une salle de spectacles; on la bâtit de suite sur un terrain dépendant de l'Hôtel de ville, et, le 27 mai 1776, elle fut inaugurée. (C'est aujourd'hui la *salle de la Société philharmonique*).

Le théâtre actuel a été construit presqu'entièrement sur l'ancien enclos des Cordeliers, d'après le plan donné par M. Delarue, architecte du département. La salle est élégante et peut contenir plus de 900 personnes. Elle comporte 45 loges, réparties en deux étages, 40 fauteuils, 28 stalles d'orchestre, 9 loges grillées, 6 loges dites baignoires ; le parterre est compté pour 200 places, et les troisièmes pour 250. A chaque extrémité du joli foyer, on voit une cheminée en marbre de *Sablé*, garnie l'une d'un buste de Molière, l'autre de celui de Voltaire. Les peintures de la salle et une grande partie des décors ont été faits par Cicéri. L'inauguration de ce monument, dans lequel on joue le drame et la comédie six mois de l'année, et l'opéra pendant deux mois, a eu lieu le 13 mai 1842.

(4) Louis Bruyère appartenait à une famille honorable de Lyon. Il vint au Mans en qualité de sous-ingénieur des ponts et chaussées. En 1811, Bruyère devint maître des requêtes au Conseil d'Etat et directeur des travaux publics de Paris. Ce savant modeste est mort le 31 décembre 1832, âgé de 73 ans. (C'est lui qui établit aussi les *Promenades du Greffier*).

l'existence d'un vaste *amphithéâtre romain* (1), dont les débris ont été retrouvés dans le quartier appelé aujourd'hui les *Arènes* (voir le plan).

Nous revenons sur la

PLACE DES JACOBINS (2)

(QUARTIER DE SAINT-JULIEN)

endroit qu'on ne saurait abandonner, sans tourner une dernière fois les regards vers la cathédrale, afin d'en remarquer les nombreuses arcades aériennes, puis les arcs-boutants dont la base est cachée entre les collatéraux et les chapelles qui rayonnent autour de la basilique. Quelques archéologues distingués ont comparé ces appuis des édifices gothiques à des étais soutenant une ruine chancelante, mais cependant il y a quelque chose de gracieux dans cette multitude de pinacles élancés, dont plusieurs abritent encore de délicates petites statuettes échappées aux malheurs des temps.

Puisque nous avons promis de rappeler les souvenirs qui se rattachent à cette place dont le sol a été relevé de 1 m. 30 c. environ, voici d'abord quelques notes relatives aux couvents des *Jacobins* et des *Cordeliers*.

-----

(1) Lors de la plantation, en 1771, d'allées qui reçurent le nom de *Mail*, on découvrit les restes d'un ancien *amphithéâtre* de forme circulaire, contrairement à l'usage plus général, qui était de donner à ces monuments la forme elliptique ; il avait 112m,66 cent. de diamètre intérieur ; celui de l'arène était de 91m. Il occupait l'emplacement des deux allées supérieures de la promenade actuelle et le terrain situé entre ces allées et la rue des Arènes, qui en a reçu le nom. Construit à la manière des Romains, il était composé de quatre estrades coupées par des murs de refend de 5m,33 d'épaisseur, lesquelles soutenaient des galeries voûtées et pouvaient contenir sept mille spectateurs. (PESCHE, *Dict. statistique de la Sarthe*).

(2) Personne n'a oublié la brillante Exposition régionale que la municipalité a organisée de mai à juillet 1880 sur cette place, ainsi que sur les promenades.

M. Ch. Cosnard (1) rapporte que « la place des Jacobins existait depuis 1688, c'était l'emplacement d'un
rempart qui avait été fait, en 1586, par les ordres du Roy
au maréchal de Bois-Dauphin : on jeta des terres dans les
fossés qui étaient au pied des murs et on fit un cours
planté d'ormeaux. Ces arbres furent abattus au moment
de la Révolution. On nomma cette place de la *Réunion* et
d'*Angoulême*. Les jardins et vignes qui formaient l'enclos
du couvent des Jacobins ont servi à faire les promenades
actuelles, dans lesquelles sont aussi compris les enclos des
Cordeliers ».

JACOBINS

Souvenirs historiques. — L'examen du plan ci-joint, fait voir
que les constructions principales du couvent, étaient renfermées
dans le quadrilatère limité aujourd'hui par la rue des *Jacobins* et
le prolongement du *Tunnel*, puis partie des rues de *Tessé* et du
Mail; en outre l'enclos comprenait le triangle formé par les rues
des *Arènes*, des *Gladiateurs*, *Bruyère*, et partie de la rue du *Mail*
ainsi qu'une portion des *trois allées en amphithéâtre*.

La principale entrée de ce couvent qui passait pour un des plus
beaux de la province, était rue Saint-Dominique. L'église fondée vers 1219 dans la paroisse de Saint-Nicolas et construite sur
le sol de l'ancienne chapelle des Marais, ne renfermait pas moins
de quinze autels et huit chapelles, commencées en 1537, dont une
édifiée par les Courthardy, sur le modèle de celle de N.-D. de
Lorette en Italie.

L'église des Jacobins était ornée de lambris avec peintures armo-
riées, de plusieurs tableaux et de tombeaux décorés de riches
sculptures, les hautes fenêtres étaient garnies de vitraux et le
chœur de jolies stalles en bois de chêne. Ces stalles ainsi que huit
panneaux représentant les principales scènes de la Passion, sont

---

(1) *Histoire du couvent des FF. Prêcheurs du Mans* (1219-1792).
1 vol. in-8° de 336 p., avec 2 planches et 1 plan de la ville. — Le Mans,
Ed. Monnoyer, 1879.

placées aujourd'hui dans l'église de *la Chapelle-Saint-Aubin* (petite commune du département à 5 kilomètres du Mans). Le tabernacle et l'exposition qui décoraient le grand autel, sont aujourd'hui dans l'église de Notre-Dame du Tertre (Ce gracieux petit sanctuaire édifié sur le coteau Saint-Vincent, a été terminé depuis la guerre de 1870.) Enfin, dit PESCHE, « elle renfermait un fort beau *jubé* d'ordre corinthien, construit en 1554 par BOISSELERET, architecte et sculpteur manceau. Lorsque le couvent fut détruit, il fut placé derrière le milieu de l'allée supérieure de la promenade, où l'on se proposait de l'utiliser, comme ornement de quelque monument public, soit café ou fontaine, afin d'en assurer la conservation ; il fut au contraire vendu par l'administration en 1813, avec le terrain sur lequel il se trouvait, et il ne reste plus de cet élégant ouvrage, que le dessin conservé par M. LUSSON (1) architecte au Mans. » (Voir à la p. 113 de *l'Histoire du couvent des FF. Prêcheurs*, par M. CH. COSNARD, le dessin qui accompagne la description de cette œuvre d'art, qui fut sauvée de la destruction, parce que M. DE VIGNOLES, l'un des chefs calvinistes, voulait le conserver pour le mettre à sa maison du Louvre.)

Un cimetière existait dans l'enclos des Jacobins. Outre les RR. PP., on y enterrait des personnes étrangères à la communauté.

On voyait plusieurs tombeaux dans l'église, entr'autres celui du fondateur du couvent, JEAN DE TROEZEN, *seigneur anglais*, situé le plus près de l'autel ; le cœur de PIERRE DE COURTHARDY (2),

---

(1) ADRIEN-LOUIS LUSSON, né à La Flèche le 4 août 1794, est mort à Rome en mars 1864. Il s'éleva par son talent au premier rang des architectes de Paris et légua une somme considérable à sa ville natale ; il légua aussi à la ville du Mans, pour être déposés dans la Bibliothèque publique, des livres, des manuscrits, des dessins, des plans, des gravures, des tableaux et son portrait, fait à Rome en 1817.

(2) Mort à Paris le 25 octobre 1505. Son corps a été inhumé dans une des chapelles de l'église de *Chemiré-le-Gaudin (Sarthe)*, son pays natal.

Voir à la page 15 des *Rues du Mans* les inscriptions gravées sur sa tombe.

Voir également au *Musée des monuments historiques* un estampage avocat général, premier président du Parlement de Paris en 1497, et le corps de JACQUINE AUVÉ, sa veuve, furent inhumés dans la chapelle de Lorette destinée à leur servir de tombeau ; puis le tombeau que fit élever à sa famille LOUIS BERRIER, né au Mans, devenu conseiller et secrétaire ordinaire du Conseil d'État, direction et finances sous LOUIS XIV. Ce monument placé près de l'autel de N.-D. de Pitié, était en belle pierre calcaire, accompagné de quatre colonnes en marbre noir, il était orné de deux génies tenant un flambeau chacun, et le cartouche, des armes de LOUIS BERRIER qui étaient : *d'argent au chevron de gueule accompagné au chef de deux quinte-feuilles d'azur, et en pointe, d'un aigle de même*. Une table de marbre noir y était incrustée, portant gravé en lettres d'or, une épitaphe reproduite à la p. 122 de l'*Histoire du couvent des FF. Prêcheurs du Mans*.

La famille de Tahureau d'où est sorti JACQUES TAHUREAU, une des gloires du Maine, dont on admire toujours les remarquables poésies, avait droit de sépulture dans l'église des Jacobins.

Au xve siècle, à l'époque des guerres entre les Français et les Anglais, ces derniers dévastèrent le couvent et emportèrent les titres qu'ils mirent dans la *tour de Londres*, dans une armoire sur les portes de laquelle un Manceau a vu écrit : *Archives de la ville du Mans*.

En 1562, à la prise du Mans par les Calvinistes, CHARLES DE L'ANGLÉE-MÉNARDIÈRE, suivi d'une troupe de cinquante soldats, enfonça les portes du monastère, tua plusieurs religieux, maltraita les autres, fit enlever les grains, vins et autres provisions, mit tout au pillage ; la bibliothèque remplie de rares et précieux manuscrits fut brûlée, les vases sacrés brisés, les magnifiques verrières qui décoraient l'église détruites ; jusqu'aux ornements des tombeaux qui furent volés ; les soldats tentèrent de mettre le feu aux principaux bâtiments et ne réussirent qu'à endommager des constructions de peu d'importance.

---

sur papier de l'épitaphe de PIERRE DE COURTHARDY, existant dans l'église de *Chemiré-le-Gaudin* (n° 617 du Catalogue).

Une des rues de la ville porte le nom de notre illustre compatriote ; autrefois, cette rue était appelée *rue du Coq-Hardy*, puis *rue du Saumon*, des enseignes de deux auberges.

En 1790, le monastère des Jacobins fut envahi par les administrations. Le 11 mai 1791 les scellés furent mis dans l'église et en 1792 on fit la vente du mobilier de cette communauté. Enfin en 1793 les bâtiments du couvent et de l'église furent démolis.

M. Jollivet, expert, a fait don au *Musée des monuments historiques,* d'un linteau sculpté provenant de l'église des Jacobins (n° 333 du Catalogue). Au même endroit, on pourra voir quatre chapiteaux du jubé de cette ancienne église. (N° 366 du Catalogue).

CORDELIERS

Installés tout à côté des Jacobins, sur un terrain que leur donna la *reine* BÉRENGÈRE. Le couvent et l'église des Cordeliers étaient bâtis sur le bord de la rue de *Tessé* en face les rues de *l'Evéché* et *Saint-Ouen;* l'enclos occupait la *partie nord-est des Promenades,* longeait la *vallée de Misère* (aujourd'hui *rue Robert-Garnier*), puis suivait le prolongement de la *rue de Tessé* en traversant obliquement les *trois allées en amphithéâtre,* pour arriver à l'extrémité de la *rue des Arènes.*

« Son église en forme de croix latine, avec un bas-côté, n'avait rien d'extraordinaire, dit M. ETOC-DEMAZY. Elle communiquait à la route de Bonnétable sur laquelle se trouvait sa principale entrée. Le chœur était beaucoup plus bas que le terrain qui le touchait au nord. GEOFFROY DE LAVAL la consacra en 1232. »

Les évêques GEOFFROY DE LAVAL, mort en 1234, et PIERRE GOUGEUL, en 1326, ont reçu la sépulture dans l'église des Cordeliers ainsi que ROBERT GARNIER (1), *une des gloires de la France,* dont le corps fut inhumé dans un caveau où ses enfants lui firent élever un mausolée, successivement orné de six bustes en marbre blanc. Les restes mutilés de son tombeau ont été transférés et sont

---

(1) La date de la naissance de ce poète tragique, qui fut conseiller au grand Conseil sous Henri IV, lieutenant criminel au siège et sénéchaussée du Maine, est incertaine. Quelques auteurs le font naître à *La Ferté-Bernard,* en 1534 ; d'autres, en 1545. Ce qu'il y a de plus certain, c'est qu'il mourut à l'âge de 56 ans. Se reporter aux pages que M. B. HAU-REAU lui a réservées dans son *Histoire littéraire du Maine.* (Le nom de Robert Garnier a été donné à une des rues du Mans).

aujourd'hui conservés au château du *Luart* (voir p. 97 de l'*Essai sur les Sépultures du Mans et de ses environs*, les deux inscriptions qu'on lisait sur le sarcophage).

M. Etoc-Demazy rapporte encore « qu'un assez grand nombre de personnes, quelques unes d'un rang élevé, demandaient qu'on les enterrât soit dans l'église, soit dans le cimetière des Cordeliers, plusieurs même à leurs derniers moments, se faisaient revêtir de l'habit de Saint-François. On y remarquait la tombe de Mme de Fonville, morte pénitente et dans le costume d'un religieux. »

Le sépulcre que l'on voit à la Cathédrale aurait été autrefois dans l'église des Cordeliers; les figures, ouvrage des Mérillon père et fils, statuaires manceaux, étaient estimées.

Les premiers jours d'avril 1562, les Calvinistes du Mans s'étant rendus maîtres de la ville, incendièrent la maison des Cordeliers qui dépendait de l'ancienne paroisse de Saint-Vincent. Ils mirent le feu d'abord à l'infirmerie, d'où il s'étendit aux cloîtres et aux dortoirs, s'attacha aux lambris de l'église dont il brûla toute la charpente. Ce que le feu ne consuma pas fut pillé par les soldats et le peuple. Les religieux s'empressèrent alors de faire reconstruire leur communauté.

Le 11 mai 1791 les scellés furent mis à l'église, qui ainsi que tous les bâtiments fut démolie et vendue vers 1792.

PROCESSION DES RAMEAUX

Il existe encore aujourd'hui plusieurs témoins de la cérémonie du *bris des lances* qui se célébrait avec beaucoup d'éclat le jour des Rameaux, sur la *place des Halles*. La course des lances abolie momentanément à la Révolution, reparut sur la *place des Jacobins*, le 13 avril 1813 et fut supprimée en 1831.

Le *Musée archéologique* renferme douze armures composées de casques, cuirasses et brassards, ayant servi aux meuniers qui rompaient la lance sur la place des Jacobins. Quelques-unes remontent au xvie siècle (n° 462 du Catalogue).

On lira avec intérêt, un important travail publié récemment par M. Robert Triger. *La Procession des Rameaux au Mans.* (Mamers, 1884, 1 vol. grand in-8°, de 140 pages.) Le lecteur y trouvera d'intéressantes descriptions de cette fête populaire, où l'*Echaudé* (1) (c'est-à-dire un petit gâteau fait en forme de cœur), joue un certain rôle. Il verra également le récit complet de la fête de *Champagné* (2) qui offre encore comme autrefois, un caractère tout particulier.

MAISON SUSPENDUE

De la rue Saint-Pavin-la-Cité

---

(1) Le jour de la procession des Rameaux, le gardien de la porte de l'ancien château, devant laquelle le cortège s'arrêtait, était obligé de donner des *échaudés* aux enfants de chœur. (Cette pâtisserie d'un usage ancien au Mans, se mange en temps de carême.)

(2) Petite commune proche la rivière de l'Huisne, à 11 kilomètres du Mans.

Nous sommes arrivés au terme de notre petite excursion à travers le vieux Mans, puissions-nous n'avoir pas ennuyé et fatigué le lecteur. Pendant les rares instants de loisir que nous laissent nos occupations journalières, nous avons consciencieusement exploré la partie de la ville dont nous nous sommes occupé dans cet ouvrage et nous avons scrupuleusement consigné le résultat de nos observations, mais nous tenons à le reconnaître, les savants historiens ou archéologues manceaux que nous avons eu l'occasion et le plaisir de citer ont été les véritables inspirateurs de notre travail.

Si le lecteur désireux de connaître les antiquités de notre vieille cité trouve dans notre ouvrage un *guide* utile et fidèle, notre but sera atteint.

Nous n'imiterons pas cet amateur, aussi fanatique qu'inintelligent, de découvertes géologiques, qui, pensant avoir trouvé l'œil d'un mastodonte, présenta à CUVIER un caillou bien rond et bien poli; nous ne prétendons pas apporter de nouveaux documents pour l'histoire locale, nous ne croyons point avoir fait de découvertes archéologiques; en un mot dans nos recherches nous n'avons trouvé que des cailloux mais nous ne les présentons pas au public comme *l'œil du mastodonte*.

STATUE A L'ANGLE DE LA MAISON

Grande-Rue n° 107.

Tableau comparatif de l'occupation & de l'emplacement de certains édifices et établissements.

Ancienne filature Cormilleau (quai du Pré)	Sur le voisinage de l'ancien prieuré de St-Victeur et de l'église St-Jean.
Dépôt départemental de mendicité	Emplacement de l'abbaye du Pré, plus tard communauté du Sacré-Cœur.
École pour l'Enseignement secondaire de jeunes filles	Autrefois église paroissiale de Saint-Pierre-de-la-Cour.
École professionnelle (rue des Bas-Fossés.)	Chapelle basse de l'église Saint-Pierre-la-Cour.
Église du Pré	Ancienne église de l'abbaye de ce nom.
Halle à la Criée	Construite d'abord pour servir de boucheries, affectée ensuite à la halle aux chanvres.
Hôtel de Ville	Ruines du palais des comtes du Maine.
Hôtel du Grand-Louvre (place du Gué-de-Maulny).	Bâti sur le voisinage de l'ancien hôtel des Monnaies.
Imprimerie Monnoyer	Sur l'emplacement de l'ancienne communauté des Filles-Dieu.
Lycée	Ancien hospice, puis collège-séminaire de l'Oratoire.
Chapelle du Lycée	Autrefois église paroissiale de Saint-Ouen-des-Fossés.
Maison n° 8 (rue Dorée).	A servi de palais épiscopal de 1801 à 1848.
Maison n° 34 (rue Dorée).	Ancien grenier à sel.
Palais de Justice et dépendances.	Bâtiments du monastère autrefois occupé par les Filles de la Visitation.
Chapelle de la Visitation (place des Halles) . .	Chapelle de l'ancien monastère de ce nom.
Psallette de la Cathédrale	Dans une portion des bâtiments de l'ancien évêché.
Salle de la Société Philharmonique	Ancienne salle de spectacles, plus tard de bals publics et de Société.

PAROISSES

Les anciennes paroisses du Crucifix, de Saint-Pierre-de-la-Cour, Saint-Pavin-la-Cité, du Petit-Saint-Pierre, Saint-Vincent, et Saint-Ouen-des-Fossés, ont été réunies, après la Révolution, à la paroisse actuelle de *Saint-Julien.*

Les paroisses de Saint-Hilaire et de Gourdaine, à *Saint-Benoît.*

Saint-Nicolas, à la paroisse de *Notre-Dame de la Couture.*

Enfin Saint-Germain, Saint-Jean-de-la-Chèverie, La Madeleine et Saint-Gilles, à *Notre-Dame du Pré.*

9.

ANCIEN HOTEL DE VAUX

ERRATA

Page 11. — 2ᵉ ligne du dernier alinéa de la note, *lire*
pages 10 et 11, *au lieu* de 26 et 27.

Page 29. — Dernière ligne de la note, *lire* voir page 18, *au
lieu* de page 34.

Page 39. — 4ᵉ ligne de la page 39, *lire* page 29, *au lieu* de
page 45.

Page 53. — 2ᵉ alinéa, 2ᵉ ligne, *lire* page 24, *au lieu* de
page 40.

LE MANS. — IMP. E. LEBRAULT, 4, RUE AUVRAY. — 22283.

www.ingramcontent.com/pod-product-compliance
Lightning Source LLC
Chambersburg PA
CBHW051733090426
42738CB00010B/2237